新手从零开始学系列

人力资源经理

新创企业
管理培训
中心

组织编写

招聘培训·薪酬体系·绩效考核·劳动关系

化学工业出版社

·北京·

内容简介

《人力资源经理：招聘培训·薪酬体系·绩效考核·劳动关系》一书全面解析了人力资源经理在企业管理中的核心角色与职责。本书共分为六章，从宏观的人力资源规划到微观的人才招聘、员工培训、薪酬体系、绩效考核及劳动关系管理，内容详尽而实用。

本书旨在帮助有志于从事人力资源管理工作的读者全面了解人力资源经理的工作范围、职责和核心任务，并为他们提供实用的管理方法和策略，以便更好地规划职业发展路径。通过本书的学习，读者可以掌握招聘与培训的技巧、薪酬体系的设计、绩效考核的方法以及劳动关系的处理等关键技能。

本书采用模块化设置，循序渐进地引导读者从基础知识到实际操作，既适合初学者入门，也适合有经验的人力资源经理提升管理技能，是一本不可或缺的人力资源管理工作手册和工具书。

图书在版编目（CIP）数据

人力资源经理：招聘培训·薪酬体系·绩效考核·劳动关系 / 新创企业管理培训中心组织编写 . —北京：化学工业出版社，2024.5

（新手从零开始学系列）

ISBN 978-7-122-45347-1

Ⅰ. ①人…　Ⅱ. ①新…　Ⅲ. ①人力资源管理　Ⅳ. ①F241

中国国家版本馆 CIP 数据核字（2024）第 067662 号

责任编辑：陈　蕾　　　　　　　　　　　文字编辑：李　彤　刘　璐
责任校对：田睿涵　　　　　　　　　　　装帧设计：溢思视觉设计 E-mail: isstudio@126.com／程超

出版发行：化学工业出版社（北京市东城区青年湖南街13号　邮政编码100011）
印　　装：三河市双峰印刷装订有限公司
787mm×1092mm　1/16　印张13¼　字数242千字　2024年7月北京第1版第1次印刷

购书咨询：010-64518888　　　　　　　　售后服务：010-64518899
网　　址：http://www.cip.com.cn
凡购买本书，如有缺损质量问题，本社销售中心负责调换。

定　　价：68.00元

前言

　　人是企业拥有的重要资源，也是企业的核心竞争力所在。人力资源，是一个企业成长的根本。一个企业能否做大做强，关键在于人才的质量和数量。

　　人力资源质量的高低，直接影响到企业利润和企业核心竞争力，所以人力资源为最优先级的战略性资源之一。从战略的角度上讲，人力资源是企业的一种长期财富，其价值在于创造企业与众不同的竞争优势。有效的人力资源管理可以帮助企业实现其主要的战略目标：降低创造价值所需的成本及通过更好地满足顾客的需要来增加价值。

　　当然，人力资源管理也是企业管理中最复杂的工作，因为人力资源管理的对象是人，涉及的学科和知识范围非常广，包括的内容也非常多，这就要求企业人力资源经理接受系统的培训，提升自己的专业知识水平和技能，才能适应快速变化的商业环境，开拓管理思维，提升管理效率和精进综合管理能力。人力资源经理在一定程度上可以直接影响企业人力资源管理的成败，所以人力资源经理应该具有强烈的事业心和高度的责任感，具有创新意识，善于学习，具有敬业精神及调动员工积极性的能力。人力资源经理还要通过完善自我，提高综合素质，在人力资源管理的工作中落实责任，确保企业各种政策、制度、组织绩效间的密切联系，维护企业人力资源政策和制度的连贯性，促进企业更好地成长和壮大。

然而，作为一名在职的人力资源经理，再入校进行深造是不可能的，而且在学校学习的理论知识未必能转化成实际工作中的经验，基于此，我们组织了一些在企业人力资源管理中颇有成就的经理们，编写了《人力资源经理：招聘培训·薪酬体系·绩效考核·劳动关系》一书。

本书涵盖了从宏观到微观的各项人力资源管理工作，具体包括人力资源规划、人才招聘管理、员工培训管理、薪酬体系设计、绩效考核管理、劳动关系管理6章内容。

本书可以帮助有志于从事人力资源管理的人员全面了解人力资源经理的工作范围、职责与核心，确立管理方法和思路，掌握运营技巧与策略，更好地规划职业发展方向。

本书采用模块化设置，内容实用性强，着重突出可操作性，由浅入深，循序渐进，是一本非常实用的指导手册和入门工具书。

由于编者水平有限，书中难免出现疏漏，敬请读者批评指正。

编　者

目录

---◆ **第一章　人力资源规划** ◆---

　　人力资源是第一资源，是企业最活跃的要素资源，人力资源规划在企业管理过程中起着关键的作用。企业人力资源规划具有先导性和全局性，能帮助企业调整人力资源政策和措施，指导企业人力资源管理活动有效进行。

◆ 第二章 人才招聘管理 ◆

人才招聘管理是指根据岗位需求，科学合理地吸引、甄选、录用人才，并在合适的时间将合适的人配置到合适岗位上，安排其合适的工作任务。因岗定人，这是企业将人力资源规划方案落实的第一步。

◆ 第三章　员工培训管理 ◆

　　员工培训管理是企业人力资源管理的重要组成部分和关键职能之一，从某种意义上说，它是提升企业核心竞争力，增强企业竞争优势的重要途径。尤其是在全球化、高质量、高效率的工作环境中，培训管理显得更为重要。

---------◆　**第四章　薪酬体系设计**　◆---------

　　薪酬体系是企业确定员工个体薪酬水平的依据，包括员工基础工资的核定方法、核定依据和核定过程。其目的是提高基础工资核定的科学性、公开性和透明度，使基础工资具有一定的激励作用。薪酬体系设计主要包括薪酬水平设计、薪酬结构设计和薪酬模式设计。

◆ 第五章　绩效考核管理 ◆

　　绩效考核管理是为了实现生产经营目的，运用特定的标准和指标，采取科学的方法，对工作实绩做出价值判断的过程。绩效考核管理是企业管理中不可或缺的一部分，它能够帮助企业评估员工的工作表现，制定合理的奖惩政策，以提高企业的竞争力和生产效益。

◆ 第六章　劳动关系管理 ◆

在企业人力资源管理工作中，构建良好的劳动关系，能够进一步助推企业和谐运转，提高企业的经济效益和工作成效。在企业管理者和劳动者之间，营造融洽的生产氛围，从而实现个人价值和集体价值的相互融合。

人力资源管理认知

HR 是"Human Resource"的英语缩写，即人力资源，全称人力资源管理，又称人事。人力资源管理是指，通过招聘、甄选、培训、考核等管理形式对组织内外相关人力资源进行有效运用，满足组织当前及未来发展的需要，保证组织目标实现与成员发展最大化的一系列活动的总称。

在知识经济时代，人力资源是企业中最重要、最具竞争力的资源。随着人力资源重要性的日益显现，人力资源管理也逐渐被越来越多的企业重视，人力资源管理部门在企业中的地位和作用也日益凸显，所以人力资源管理者的职业化顺应了时代的要求，人力资源经理应运而生。

下面是××公司在××招聘网站上发布的一则人力资源经理的招聘信息。

岗位职责：

1.充分理解公司运营战略，深入剖析各业务板块和团队运作状况，促进人力资源管理工作的有效实施。

2.根据年度招聘计划，制定对应的招聘策略，对岗位需求、行业标杆进行分析，开展招聘系列工作，做好公司人才梯队建设。

3.加强公司组织建设，对各部门员工的工作表现及绩效目标进行跟踪反馈，给予管理者专业的人力资源建议及服务，推进业务部门的绩效管理。

4.主导公司培训，有效制定和实施人才发展计划，营造学习型组织。

5.负责公司薪酬和福利管理，建立具有竞争力的薪酬体系。

6.负责公司员工关系管理，推进"入离转调"、档案管理等工作，合理规避劳动雇佣风险，解决员工与公司的冲突。

7.负责部门团队管理工作，打造专业化的人才队伍，营造良好的团队氛围。

8.定期向高层决策者提供有关人力资源战略、组织建设等方面的专项建议，为公司重大决策提供人力资源信息支持。

9.配合各部门或公司负责人进行其他临时性工作。

任职资格：

1.本科及以上学历，人力资源管理等相关专业。

2.有5年以上人力资源管理工作经验，对人力资源管理各个职能模块均有深入的认识，对人力资源管理模式有系统的了解和丰富的实践经验。

3.熟悉国家和地方劳动法律法规，具有良好的风险管控意识。

4.具有较强的沟通表达能力、人际交往能力、组织协调和应变能力。

5.具备积极开放的心态，亲和力佳，有较强的责任感与敬业精神。

从以上内容可以看出，人力资源管理工作可以说是千头万绪、纷繁复杂。人力资源管理的任务是选人、育人、用人、留人，人力资源管理的职能是调动各类员工的积极性和创造性，同时也必须运用劳动法律法规和劳动合同来规范人力资源管理活动，协调处理劳资纠纷，使人与事相适应，达到人适其事，事得其人，人尽其才，事竟其功的目的。

人力资源是战略性资源，是基于公司全体组织与运行要素的资源。企业必须有关键的驱动要素，使得设备、技术、资本等要素进行高效转化，形成核心能力，在保证持续盈利的同时，建立自己的核心竞争能力。能够担负这一使命的，唯有人力资源。

随着社会经济的不断发展，市场竞争变得越来越激烈，企业要想在其中占得一席之地，必须重视人力资源管理工作，并树立正确的人力资源管理理念，对人力资源管理角色进行准确定位，完善人力资源管理战略，这样才能够将人力资源管理的职能充分发挥出来，从而为人才发展提供充足的空间，利用人力优势提升企业的市场竞争力，让企业能够在激烈的市场竞争中脱颖而出。

在一个组织中，只有求得有用人才、合理使用人才、科学管理人才、有效开发人才等，才能促进组织目标的达成和个人价值的实现，因此，发挥人力资源管理的作用，借鉴优秀企业的管理经验，对企业的发展和成功具有重要意义。

第一章

人力资源规划

人力资源是第一资源，是企业最活跃的要素资源，人力资源规划在企业管理过程中起着关键的作用。企业人力资源规划具有先导性和全局性，能帮助企业调整人力资源政策和措施，指导企业人力资源管理活动有效进行。

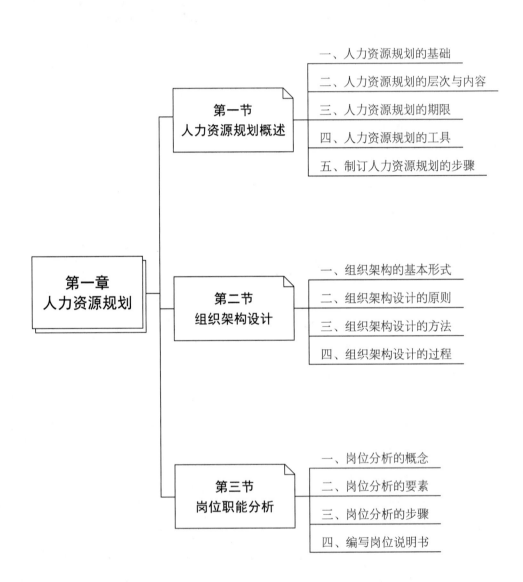

- 第一章 人力资源规划
  - 第一节 人力资源规划概述
    - 一、人力资源规划的基础
    - 二、人力资源规划的层次与内容
    - 三、人力资源规划的期限
    - 四、人力资源规划的工具
    - 五、制订人力资源规划的步骤
  - 第二节 组织架构设计
    - 一、组织架构的基本形式
    - 二、组织架构设计的原则
    - 三、组织架构设计的方法
    - 四、组织架构设计的过程
  - 第三节 岗位职能分析
    - 一、岗位分析的概念
    - 二、岗位分析的要素
    - 三、岗位分析的步骤
    - 四、编写岗位说明书

第一节　人力资源规划概述

人力资源规划是指为实施企业的发展战略，完成企业的生产经营目标，根据企业内外环境和条件的变化，运用科学的方法对企业人力资源需求和供给进行预测并制定相宜的政策和措施，从而使企业人力资源供给和需求达到平衡，实现人力资源合理配置，有效激励员工的过程。

一、人力资源规划的基础

制订规划的依据是信息，人力资源规划的效果如何，在一定程度上取决于企业人力资源信息系统的建立与否及其内容的真实可靠程度。

人力资源信息系统是企业进行有关人员及其工作方面的信息收集、保存、分析和报告的系统，是将计算机应用于企业人事管理的产物，是基于计算机建立的，记录企业每个员工技能和表现等的功能模拟信息库。

1.人力资源信息系统的功能

企业人力资源信息系统除了为人力资源的规划提供信息外，还具有如下功能。

① 为人力资源规划建立人事档案。

② 为企业制定发展战略提供人力资源数据。

③ 为人事决策提供信息支持。

④ 为企业管理效果的评估提供反馈信息。

⑤ 为其他有关人力资源的活动提供快捷、准确的信息。

2.人力资源信息系统的内容

人力资源信息系统包括以下内容。

① 企业战略、经营目标及常规经营计划。

② 企业外部的人力资源供求信息及对这些信息产生影响的因素。

③ 企业现有的人力资源信息。

3.人力资源信息系统应包含的基础信息

一般来说，人力资源信息系统应包含的基础信息如表1-1所示。

表1-1　人力资源信息系统应包含的基础信息

序号	类别	明细
1	员工自然状况	性别、年龄、民族、籍贯、健康状况等
2	员工知识状况	受教育程度、专业、所取得的各种职称和证书等
3	员工能力状况	操作能力、表达能力、人际关系协调能力、管理能力及其他能力
4	员工阅历及经验	做过何种工作、担任过何种职务、所取得的业绩、任职时间、调动原因、总体评价如何
5	员工心理状况	兴趣、偏好、积极性、心理承受能力
6	员工工作状况	目前所属部门、岗位、职级、绩效及适应性
7	员工收入状况	工资、奖金、津贴及职务外收入
8	员工家庭背景及生活状况	家庭成员、居住地点、生活条件、职业取向及个人对未来职业生涯的规划等
9	员工所在部门使用意图	留、升、调、降

4.人力资源信息系统可生成的报表及经营预测

一个有效的人力资源信息系统还可以生成若干重要的报表及与经营相关的预测。

① 常规报表。按时间进度进行汇总的经营数据被称为常规报表，一般每周或每月向总经理报送一次，每个季度向最高管理层报送一次。

② 例外情况报表。该报表着重强调在经营活动中十分严重、足以引起管理者注意的变化。

③ 按需提供的报表。该报表是为满足特殊需求而编制的报表。

④ 预测。就是将一些预测模型应用于特定情况，对企业发展所需的员工数量和类型等进行预测。

二、人力资源规划的层次与内容

人力资源规划包括两个层次，即总体规划与业务规划。

1.总体规划

人力资源总体规划是对有关计划期内人力资源开发利用的总目标、总政策、实施步骤及总预算的安排。

2.业务规划

人力资源各项业务规划是总体规划的展开和具体化，具体内容如表1-2所示。

表1-2　人力资源业务规划的类型

类型	目标	内容
人员补充规划	改善人力资源结构及绩效等	人员招聘标准、来源、起点待遇等
人员使用规划	优化人力资源结构，提高绩效，实现职务轮换	任职条件，职务轮换范围及时间等
提升降职规划	保持后备人员数量，改善人员结构，提高绩效目标	选拔标准、资格、比例，试用期考核标准，提升比例，未提升人员安置等
教育培训规划	提高人员素质与绩效，增加培训类型与数量，提供新人员，转变员工劳动态度	保证培训时间、培训效果的措施等
评估激励规划	降低离职率；提高士气；提高绩效	激励重点，工资政策、奖励政策及反馈等
劳动关系规划	减少非期望离职率，改善雇佣关系，减少员工投诉与不满	参与管理，加强沟通的措施等
退休解聘规划	降低劳动成本，提高生产率	退休政策、解聘程序等

三、人力资源规划的期限

人力资源规划的期限是选择短期（1年）、中期（3～5年）还是长期（5～10年），一般取决于公司的总体规模，同时要协调好与组织的其他规划的关系，既要受制于其他规划，又要为其他规划服务。图1-1展现了组织规划与人力资源规划的关系。

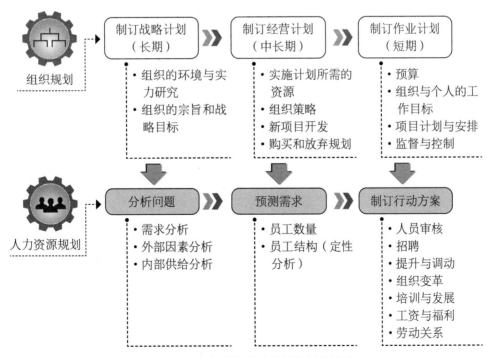

图1-1　组织规划与人力资源规划的关系

在战略计划的层面上，人力资源规划涉及组织外部因素分析、未来组织对人力资源需求的分析、远期组织内部人力资源供给分析、人力资源调整规划，其重点在于分析问题。在经营计划（战术上的策略规划）的层面上，人力资源规划涉及对人力资源需求和供给量的预测，以及根据人力资源的方针和政策制订的具体行动方案。作业计划则涉及一系列的具体操作实务，要求任务具体明确，措施落实到位。

四、人力资源规划的工具

人力资源预算是人力资源规划强有力的工具。人力资源预算是人力资源部门根据企业的发展战略，以及企业上一年度的人员及成本费用的统计情况，对下一年度的人员需求及成本费用的预测，是下一年度企业人力资源管理活动的指南。制定人力资源预算不仅有利于开展人力资源规划工作，还有利于开展人力资源的组织和控制工作。

1.人力资源预算的内容

人力资源预算是企业预算的主要组成部分，主要包括以下三方面。

① 企业的人力成本，就是工资费用，即一年需要支付多少工资。

② 和薪酬相关的费用，即所要缴纳的各种基金和社会保险费用，比如医疗保险、失业保险等。

③ 人力资源管理费用，包括招聘费用、薪酬调查费用、员工知识技能测评费用、员工培训费用、劳动合同认证费用、辞退员工的补偿费用、劳动纠纷的法律咨询费用以及人力资源部门直接发生的办公费用、通信费用、差旅费用等。

2.人力资源预算的编制步骤

人力资源预算的编制步骤如表1-3所示。

表1-3　人力资源预算的编制步骤

序号	步骤	内容
1	成立预算编制小组	预算编制小组应由企业总公司高管、人力资源经理、人力资源部成员和各子公司的综合管理员组成。企业总公司高管负责小组的领导和决策工作，人力资源经理负责对预算编制的具体工作进行指导和说明，人力资源部成员负责预算的具体起草工作，各子公司的综合管理员负责提供本单位的人力资源预算
2	制订预算编制时间计划	预算编制时间计划包括预算编制工作的启动时间、编制人力资源预算的时间、编制预算配套方案的时间，以及预算的审核时间和确认时间

序号	步骤	内容
3	送发预算编制模板	预算编制模板由人力资源部制定。企业应在预算编制工作启动时，将预算编制模板送发到各子公司，各子公司根据模板要求填写相应内容，并保证内容的真实性和准确性
4	提交预算编制内容	各子公司应在规定时间内将本单位的人力资源预算表提交给总公司人力资源部进行汇总编制，然后制定出企业总体人力资源预算草案。人力资源部在制定总体预算草案前，应通过调研、抽查等方式对各子公司预算内容的真实性、准确性进行核实
5	预算内容的审核	企业的总体人力资源预算草案制定完成后，应提交给各子公司进行审核，各子公司应在规定时间内将反馈意见提交给总公司人力资源部，以便人力资源部对预算草案及时进行修改和完善。一般这种审核、反馈、完善的过程要进行2～3次，才能确定最终预算方案
6	预算方案的确认	完成与各子公司的沟通之后，将预算方案提交给公司总经理进行审批、确认，并形成文件送发给各部门去执行

五、制订人力资源规划的步骤

制订人力资源规划的具体步骤如图1-2所示。

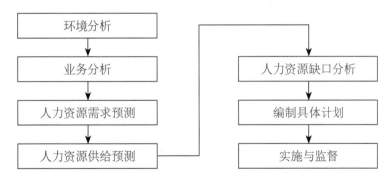

图1-2　制订人力资源规划的步骤

1.环境分析

环境分析是制订人力资源规划的第一步，其目的是了解企业所处的外部环境和内部环境，为后续的规划工作提供依据。外部环境包括政治、经济、社会、技术等因素，内部环境包括企业文化、组织结构、管理制度等因素。

2.业务分析

业务分析是制订人力资源规划的第二步，其目的是了解企业当前的业务状况和未来的发展方向，为后续的规划工作提供依据。业务分析包括企业的战略目标、市场需求、产品竞争力等方面的分析。

3.人力资源需求预测

人力资源需求预测是制订人力资源规划的第三步，其目的是预测未来企业的人力资源需求，为后续的规划工作提供依据。人力资源需求预测包括根据企业业务发展预测未来的岗位数量、岗位类型、岗位等级等。

🔍【实战工具01】▶▶ --

现实人力资源需求预测表

_____年_____月_____日

部门	目前编制	人员配置情况			人员需求
		超编	缺编	不符合岗位要求	
合计					

🔍【实战工具02】▶▶ --

未来人力资源需求预测表

_____年_____月_____日

预测内容	N年	N+1年	N+2年	N+3年	N+4年
增加的岗位及人数					
备注					

【实战工具03】▶▶ ------------------------------

未来人力资源流失预测表

___年___月___日

预测内容	N年	N+1年	N+2年	N+3年	N+4年
退休人员					
离职人员					
其他					
岗位及人数					
备注					

【实战工具04】▶▶ ------------------------------

整体人力资源需求预测表

___年___月___日

	N年	N+1年	N+2年	…
××部门	现实人数：	期初人数：	期初人数：	
	现实需求：	需增加岗位和人数：	需增加岗位和人数：	
		流失人数预测：	流失人数预测：	
	总需求：	总需求：	总需求：	
××部门	现实人数：	期初人数：	期初人数：	
	现实需求：	需增加岗位和人数：	需增加岗位和人数：	
		流失人数预测：	流失人数预测：	
	总需求：	总需求：	总需求：	
…	现实人数：	期初人数：	期初人数：	
	现实需求：	需增加岗位和人数：	需增加岗位和人数：	
		流失人数预测：	流失人数预测：	
	总需求：	总需求：	总需求：	
总计	现实人数：	期初人数：	期初人数：	
	现实需求：	需增加岗位和人数：	需增加岗位和人数：	
		流失人数预测：	流失人数预测：	
	总需求：	总需求：	总需求：	

4.人力资源供给预测

人力资源供给预测是制订人力资源规划的第四步，其目的是预测未来企业的人力资源供给情况，为后续的规划工作提供依据。人力资源供给预测包括根据员工流动情况、招聘计划等预测未来的员工数量、员工类型、员工能力等方面。

5.人力资源缺口分析

人力资源缺口分析是制订人力资源规划的第五步，其目的是分析未来企业的人力资源缺口情况，为后续的规划工作提供依据。人力资源缺口分析包括比较人力资源需求和供给的差距，确定人力资源缺口的类型和数量。

6.编制具体计划

编制具体计划是制订人力资源规划的第六步，其目的是制订具体的人力资源计划，为后续的实施提供依据。具体的人力资源计划包括招聘计划、培训计划、绩效管理计划、人才储备计划等方面。

7.实施与监督

实施与监督是人力资源规划的最后一步，即实施具体的人力资源计划，并对其进行监督和评估。

下面是一份××公司人力资源规划管理办法的范本，仅供参考。

范本

××公司人力资源规划管理办法

1 总 则

1.1 目的

为规范公司的人力资源规划工作，应有效制定人员配置、岗位编制、薪酬分配、教育培训、人力资源投资、职业发展等方面的人力资源管理方案，以确保公司在需要的时间获得适合的人才，并保证公司战略发展目标的实现。

1.2 适用范围

公司高层领导、人力资源部，以及各部门主要负责人。

2　规划工作的职责分配

2.1　职责分配

综合部是人力资源规划的归口管理部门，其他职能部门负责本部门的人力资源规划工作。

2.2　综合部的职责

2.2.1　负责制订、修改人力资源规划，负责人力资源规划的总体编制工作。

2.2.2　负责公司人力资源规划工作所需数据的收集、确认。

2.2.3　负责开发编制人力资源规划所需工具和方法，并为公司各部门提供人力资源规划方面的指导。

2.2.4　在年初编制公司年度人力资源规划书，报各部门负责人审核、总经理审批。

2.2.5　将审批通过的公司年度人力资源规划书作为重要机密文件存档。

2.3　各职能部门的职责

2.3.1　需要人力资源规划专员提供真实详细的历史和预测数据。

2.3.2　及时配合人力资源部完成本部门的用人需求申报工作。

2.4　公司高层领导的职责

负责人力资源规划工作的总体指导、决策、监督。

3　规划工作的原则

公司的人力资源规划工作须遵循以下四项原则。

3.1　动态原则

3.1.1　人力资源规划应根据公司内外部环境的变化定期调整。

3.1.2　人力资源规划在具体执行时应具有灵活性。

3.1.3　人力资源的具体规划措施应具有灵活性，要对规划操作进行动态监控。

3.2　适应原则

3.2.1　与内外部环境相适应。编制人力资源规划时应充分考虑公司内外部的环境因素，以及这些因素的变化趋势。

3.2.2　与战略目标相适应。人力资源规划要同公司的战略发展目标相适应，以确保二者能够相互协调。

3.3　保障原则

3.3.1　人力资源规划应能够保障对公司人力资源的供应。

3.3.2 人力资源规划应能够保障公司和员工的共同发展。

3.4 系统原则

人力资源规划要反映出人力资源的结构，使不同类型的人才能够有机结合，优势互补，实现组织的系统性功能。

4 规划的内容

4.1 总体规划

总体规划包括人力资源的总体目标和配套政策。

4.2 专项业务计划

专项业务计划包括以下几项。

4.2.1 人员配备计划。包括中、长期内，不同职务、部门或工作类型的人员的分布情况。

4.2.2 人员补充计划。包括需补充人员的岗位、数量及要求等。

4.2.3 人员使用计划。包括人员情况、人员的升职时间、升职政策、轮换岗位情况、轮换时间等。

4.2.4 培训开发计划。包括培训对象、内容、目的、时间、地点、讲师等。

4.2.5 绩效与薪酬福利计划。包括个人及部门的薪酬衡量方法、绩效标准、工资总额、薪酬结构、工资关系、福利，以及绩效与薪酬的对应关系等。

4.2.6 职业计划。骨干人员的使用和培养方案。

4.2.7 离职计划。因各种原因离职的人员情况及其所在岗位情况。

4.2.8 劳动关系计划。减少和预防劳动争议，改进劳动关系的目标和措施。

5 规划的程序

公司人力资源规划的程序为：人力资源规划的环境分析→人力资源的需求预测→人力资源的供给预测→确定人员供需平衡的政策→人力资源方案的讨论与制订→编制人力资源规划书。

5.1 人力资源规划的环境分析

5.1.1 收集与整理数据。公司人力资源部门在正式制订人力资源规划前，必须向各职能部门索要各类数据资料。人力资源规划专员负责从数据中提炼出所有与人力资源规划有关的数据信息，整理并编报，为制订有效的人力资源规划提供基本数据。人力资源部门应收集和整理的数据资料如下表所示。

序号	类别	具体内容
	人力资源部门应收集和整理的数据资料	
1	需要向各部门收集的数据资料	（1）部门整体战略规划 （2）部门组织结构数据 （3）财务数据 （4）市场营销数据 （5）生产数据 （6）新项目数据 （7）部门年度规划
2	人力资源部门应整理的数据资料	（1）人力资源政策 （2）公司文化特征 （3）公司行为模式 （4）薪酬福利水平 （5）培训开发水平 （6）绩效考核的数据 （7）公司人力资源的人事信息数据 （8）公司人力资源部的职能开发数据

　　5.1.2　人力资源部在获取以上数据资料的基础上，组织内部讨论，将人力资源规划分为三个层次，即环境层次、部门层次、数量层次，并为每一个层次设定一个标准，再由这些不同的标准衍生出不同的活动计划。

　　5.1.3　综合部应制订年度人力资源规划工作进度计划，报请各职能部门负责人、人力资源负责人、公司总经理审批后，向公司全体员工公布。

　　5.1.4　综合部应根据公司经营战略、目标要求和年度人力资源规划工作进度计划下发人力资源职能水平调查表、各部门人力资源需求申请表，在限定工作日内由各部门负责人填写后收回。

　　5.1.5　综合部在收集完所有数据之后，安排专职人员对数据进行描述、统计和分析，并制作年度人力资源环境分析报告，再由审核小组完成对环境分析报告的审核工作。

　　审核小组的成员由各部门负责人、综合部负责人、综合部人力资源环境分析专员组成。

　　5.1.6　综合部应将审核无误的年度人力资源环境分析报告报请公司高级管理层审核，经批准后方可使用。

　　5.1.7　在进行人力资源环境分析期间，各职能部门应根据部门的业务需要和实际情况，及时、全面地为综合部提供与人力资源环境相关的信息数据。人力资源环境分析工作人员应认真吸收和接纳各职能部门传递的环境信息。

5.2 人力资源需求预测

5.2.1 年度人力资源环境分析报告经公司高级管理层批准后，由综合部人力资源规划专员根据公司人力资源情况，结合公司的战略发展方向、年度计划、各部门经营计划，运用各种预测工具，对公司整体人力资源需求情况进行科学的预测和分析。

5.2.2 人力资源需求预测常用的方法有：管理人员判断法、经验预测法、德尔菲法和趋势分析法。

5.2.3 人力资源需求预测的步骤如下图所示。

第一步	根据岗位分析的结果，确定岗位编制和人员配置
第二步	统计出各部门缺编、超编数及不符合岗位要求的人数
第三步	将统计结论在部门内讨论并修正，得出实际的人力资源需求
第四步	根据公司发展规划，确定各部门的工作量
第五步	根据工作量的增长情况确定各部门还需增加的岗位及人数
第六步	汇总统计得出企业未来人力资源的需求
第七步	对在预测期内退休的人员进行统计，预测未来的离职情况
第八步	将各项预测结果进行统计，得出整体人力资源需求预测

人力资源需求预测的步骤

5.2.4 综合部人力资源规划专员对公司人力资源需求情况进行统计分析之后，制作年度人力资源需求趋势预测报告，然后报请公司领导审核、批准。

5.3 人力资源供给预测

5.3.1 人力资源供给预测包括内部人员拥有量预测和外部供给量预测。内部人员拥有量预测，即根据公司现在的人力资源状况及未来可能的变动情况，预测规划期内各时间点上的人员拥有量。外部供给量预测，即预测在规划期内各时间点上公司可以从外部获得的各类人员的数量。由于外部人力资源的供给存在较高的不确定性，因此对于外部供给量的预测应侧重于关键人员，如各类高级人员、技术骨干人员等。

5.3.2 人力资源供给预测的步骤如下图所示。

第一步	进行人力资源盘点，了解公司员工的现状
第二步	根据公司岗位调整的政策和调整的历史数据，计划员工调整的比例
第三步	向各部门经理了解可能出现的人事调整的情况
第四步	将情况进行汇总，得出公司内部人力资源供给预测
第五步	分析影响外部人力资源供给的地域性因素
第六步	分析影响外部人力资源供给的全国性因素
第七步	根据分析结果得出公司外部人力资源供给预测
第八步	将各项预测结果进行统计，得出整体人力资源供给预测

人力资源供给预测的步骤

5.3.3 综合部的人力资源规划专员对公司的人力资源供给情况进行预测，在进行分析之后，制作年度人力资源供给趋势预测报告，并上报公司领导审核、批准。

5.4 人力资源供需平衡决策

年度人力资源需求趋势预测报告和人力资源规划供给趋势预测报告经综合部负责人审核批准之后，由公司综合部组建人力资源供需平衡决策工作组。

5.4.1 人力资源供需平衡决策工作组的成员由公司高层、各职能部门负责人、人力资源部的相关人员组成。

5.4.2 人力资源供需平衡决策工作组的会议包括人力资源环境分析会、人力资源供需预测报告会和人力资源供需决策会。

5.5 人力资源各项计划的讨论和确定

5.5.1 综合部在公司人力资源供需平衡决策工作组定下工作日程后，要指定专人完成对会议决策信息的整理工作，并确定年度人力资源规划制订时间安排。

5.5.2 综合部召开制订人力资源规划的专项工作会议。

5.6 编制年度人力资源规划并组织实施

5.6.1 综合部指派专人汇总全部人力资源的具体项目计划，编制年度人力资源规划，由人力资源部全体员工进行核对，再经公司各职能部门负责人审议评定后，交由公司综合部负责人审核通过，最后报请公司总经理批准。

5.6.2 人力资源部负责组织实施公司年度人力资源规划的宣传沟通活动，保障全体员工知晓人力资源规划的内容，以保障人力资源规划的顺利实施。

5.6.3 人力资源部负责将公司年度人力资源规划作为重要机密文件存档，严格控制程序并将年度人力资源规划管理纳入公司相关商业机密和经营管理重要文件管理范围。

6 人力资源规划的工作评估

6.1 评估标准

6.1.1 管理层在人力资源费用变得难以控制或过度支出之前，可根据人力资源规划采取措施来防止各种失衡，并由此降低劳动力成本。

6.1.2 一项完善的人力资源规划，在公司实际雇用员工前，就已经预计或确定了对各种人员的需求。

6.1.3 管理层的培训工作得到更好的规划。

6.2 评估方法

6.2.1 目标对照审核法。即以原定的目标为标准进行逐项的审核和评估。

6.2.2 资料分析法。即广泛收集并分析研究相关数据，如专业人员、管理人员、行政人员、招商人员的比例关系，或在某一时期内各种人员的变动情况，如员工旷工、离职、迟到等，或员工的薪酬与福利、工伤赔偿等方面的情况。

第二节 组织架构设计

企业组织架构主要由各种角色、职级、部门等构成。它是一个固定的框架，用来把人、工作和职责结合起来。组织架构决定了企业内部的分工和职能，人力资源规划就是企业根据组织架构的需要制订的人力资源管理计划，以实现企业的目标和使命。

一、组织架构的基本形式

常见的组织架构有以下几种形式。

1.直线制、职能制组织架构及直线职能制组织架构

① 直线制组织架构是最简单、最早出现的集权式组织架构，也称军队式架构。其基本特点是组织中各职位按垂直系统排列，不设单独的职能机构，如图1-3所示。

图1-3 直线制组织架构

这种架构的优点是机构简单，信息传递速度快，决策快速，费用低，效率高，但要求领导者通晓各种业务。因此，这种组织架构形式只适用于规模较小、生产技术较单一的企业。

② 职能制组织架构也称"U"型组织架构。该架构是在直线制组织架构的基础上，为各职能领导者设置相应的职能部门和人员。在职能制组织架构下，下级部门除了接受上级主管的指令外，还要接受上级职能部门的监督和领导。该架构形式具有分权制管理的特点，如图1-4所示。

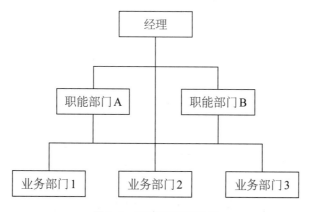

图1-4 职能制组织架构

职能制组织架构的优点是将企业管理工作按职能进行分工，可适应现代企业生产技术复杂、管理工作分工较细的特点，有利于提高管理的专业化程度。但是，易形成多头领导，会妨碍企业的统一指挥，不利于建立健全责任制。因此，这种组织形式在现代企业中很少采用。

③ 直线职能制组织架构也称直线参谋制或生产区域制组织架构。该组织架构形式综合了上述两种形式的优点。一方面，保留了直线制组织架构统一领导、指挥的优

点；另一方面，吸收了职能组织架构管理专业化的长处，实现各职能领导者统一指挥与职能部门参谋指导相结合，如图1-5所示。

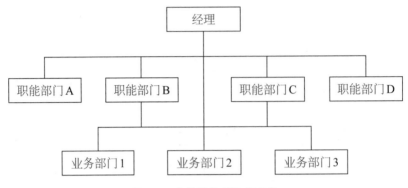

图1-5　直线职能制组织架构

但这种组织架构形式也存在着明显的不足之处：权力集中在最高层管理者，职能部门缺乏自主权；各职能部门的横向协调性较差；企业的信息传递路线过长，容易造成信息丢失或失真的现象，环境适应能力差。

2.事业部制组织架构

事业部制组织架构也称"M"型架构，该架构按照"集中决策、分散经营"原则，将企业划分为若干个事业部，在每个事业部都建立独立的经营管理机构与团队，独立进行核算，自负盈亏。目前，大部分企业、集团，尤其是跨国公司，均采用事业部制组织架构。事业部制组织架构是业务导向型架构，实行分权制，其基本单位是半自主的利润中心，每个利润中心内部又按职能制组织架构进行设计。总部主要负责投资，并对利润中心进行监督，其职能相对萎缩，一般情况下，总部仅设有人力资源、财务等少数事关全局的职能部门，如图1-6所示。

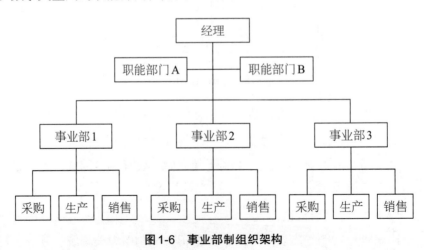

图1-6　事业部制组织架构

事业部制组织架构具有如下特点：其一，实行专业化分工，按照企业的产出将业务活动组合起来，成立专门的生产经营部门；其二，生产规模较大、生产经营业务具有多样性；其三，管理权和经营权分离；其四，层级制管理增加了分权的色彩，但在事业部内仍采用直线职能制架构。从总体上来看，事业部制仍属于等级制组织架构，层级制仍然是现代企业组织的一个典型特征。

3.矩阵制组织架构

矩阵制组织架构也称规划目标组织架构。在矩阵制组织架构中，有两条权力线：一条是来自各职能领导者的垂直权力线，另一条是来自各项目部门的水平权力线。同时，也有两套系统：一套是纵向的职能系统，另一套是为完成某一任务而组成的横向的项目系统。这一架构的存在，改变了传统单一的直线垂直领导系统，使一位员工同时受两位主管人员的管理，呈现交叉的领导和协作关系，从而使企业营销职能与管理、生产职能更好地结合，如图1-7所示。

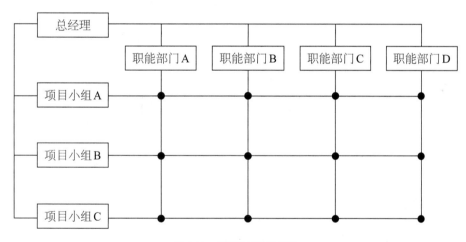

图1-7　矩阵制组织架构

矩阵制组织架构兼有职能制和事业部制这两种架构的优点，既能充分利用职能部门内的专业技术知识，又能促进职能部门间的横向协作。然而，矩阵制与职能制在组织原则上又大不相同：职能制严格遵循统一指挥的原则，矩阵制则从结构上形成了双头指挥的格局。矩阵制组织架构使企业能迅速地对外界环境的变化做出反应，以满足市场的多样化需求，适合应用于因技术发展迅速而产品品种较多、管理活动复杂的企业，如航天、军工等企业多采用这种组织架构。

4.立体多维型组织架构

立体多维型组织架构是由职能制组织架构、矩阵制组织架构和事业部制组织架构综合发展而来，是为适应新形势的发展需要而产生的组织架构形式。立体多维型组织架构包含三类以上的管理机构，主要有以下几种。

① 按产品或服务项目划分的事业部，即产品或服务利润中心。

② 按职能划分的参谋机构，即专业成本中心。

③ 按地区划分的管理机构，即地区利润中心。

这样，企业内部的一个员工可能就同时受到三个不同部门或组织的管理。立体多维型组织架构如图1-8所示。

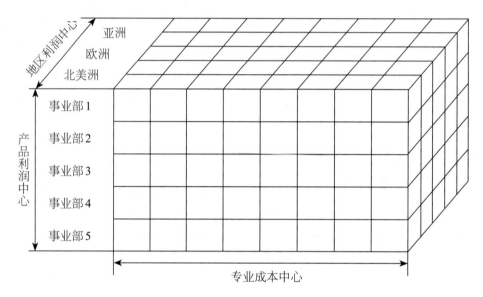

图1-8　立体多维型组织架构

5.流程型组织架构

流程型组织架构是为提高对顾客需求的反应速度和效率，降低产品或服务的供应成本而建立起来的以业务流程为中心的组织架构。流程型组织架构是以系统整合理论为指导，遵循"业务流程为主、职能服务为辅"的原则设计的。

流程型组织架构因企业内外部环境的不同而有所不同，但内涵是一致的。佩帕德和罗兰认为，人员、流程和技术是企业组织架构的三个主要基座上。因此，基于流程的组织架构也要具备以下三方面内容。

其一，以流程维度为主干，每一流程由若干团队和子流程组成。

其二，设计必要的职能服务中心，以保障业务流程和流程团队的有效运行。

其三，业务流程之间、团队之间，以及它们与职能中心之间的协同和整合工作需要信息技术的支持，如图1-9所示。

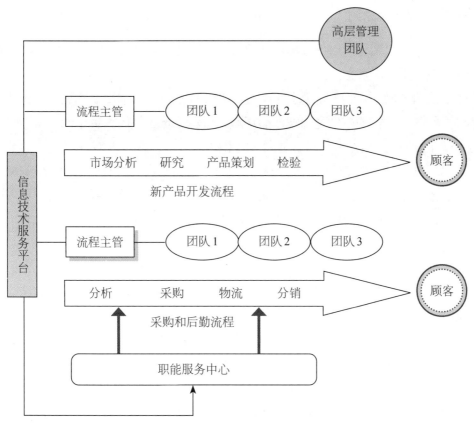

图1-9　流程型组织架构

二、组织架构设计的原则

企业在进行组织架构设计时应遵循图1-10所示的原则。

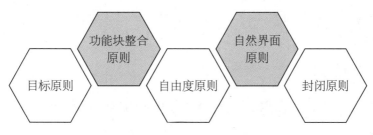

图1-10　组织架构设计的原则

1.目标原则

目标原则是指组织架构设计的目标是选择组织的存在方式，无论是组织架构的局部设计，还是组织架构的整体设计，必须紧紧围绕组织的生存和发展来进行。

2.功能块整合原则

功能块整合原则是指组织架构设计要将组织功能块整合成有利于目标实现的有序结构。它有以下两层意思。

① 组织架构设计要分析、选择和确定组织功能块。设计者要认识到，组织的功能块不是可以任意选择的，它是由技术、环境、资源、员工等因素决定的。虽然组织的功能块不是唯一的，但它有一个可选择的范围。

② 组织架构设计要把组织功能块整合成有利于目标实现的有序结构。组织架构设计就是功能块的整合，比如，管理层次应该有多少层？管理跨度要有多大？如何进行分工与协调？如何进行授权？这些都要根据功能块整合的要求来决定。

3.自由度原则

自由度原则是指组织架构设计要给予组织成员最大的自由使组织成员的功能得到充分发挥。

功能的发挥与整合是一个问题的两个方面：功能整合能使功能发挥趋于目标，而只有功能得到最大发挥，才能使组织目标尽快实现；功能整合是规范，功能发挥是活动，规范性的活动促进组织达成目标。

按自由度原则，组织架构设计要为组织成员的功能发挥提供尽可能大的自由空间。

 小提示

在管理实践中，有句话叫"一管就死，一放就乱"。这句话上半句是指功能整合过度，后半句是指自由度过大。在组织设计中，要想避免这两种情况，就要在有效整合的前提下，使组织成员功能的自由度得到最大化发挥。

4.自然界面原则

自然界面原则是指组织架构设计要尽可能地将组织的规范和约束设置在职能部门的自然界面之上。

任何职能部门在发挥功能时都有一个活动空间，它是由各种复杂因素决定的。由于任意两个职能部门间总有差别，因此它们的活动空间不可能完全重合，但可能有部分重合。两个职能部门活动空间的交叉地带就是其自然界面。比如，财务部门与销售部门的活动空间不一样，但在成本、存货、利润核算等方面存在交叉，这些就是财务、销售部门间的自然界面。

自然界面原则要求把功能整合所需的规范和约束设置在自然界面之上。这样设计有三个好处，如图1-11所示。

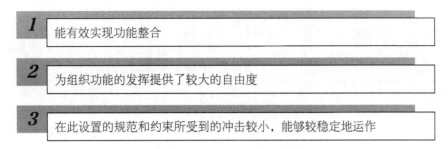

图1-11 按自然界面原则设计的好处

5.封闭原则

封闭原则是指组织架构设计要使组织各部门间形成有联系的封闭回路。

要使组织正常、稳定地运行，组织各部门间形成封闭回路是一个非常重要的问题。任何一个组织体系不仅要与外部保持必要的联系，输入与输出形成封闭的回路，在组织体系内部也要形成一个封闭的回路。只有各部门构成封闭回路的关系，才能形成相互制约、相互作用的循环，以保证各分支机构按照组织的要求运转，从而达到有效管理的目的。

比如，企业组织应包括决策机构、执行机构、反馈机构、监督机构等，方能形成封闭回路。

三、组织架构设计的方法

组织架构设计的方法主要有以下几种。

1.职能设计

职能设计就是根据企业的目标来确定企业应该具备的职能和结构，包括对企业管理职能和经营职能的设计，如对企业的产品开发、质量管理、经营决策、市场研究、营销管理、人力资源管理等职能的设计。

职能设计是在职能分析的基础上进行的，包括基本职能设计和关键职能设计，具体如表1-4所示。

2.部门设计

部门设计通常采用如表1-5所示的方法来划分部门。

表1-4 职能设计的内容

序号	内容	具体说明
1	基本职能设计	即根据组织架构设计的权变因素，如环境、规模、战略、员工素质等来确定企业应具备的基本职能，会受到企业的行业特点、外部环境特点及技术特点的制约和影响。基本职能设计包括企业财务、研发、生产、销售及售后服务等职能设计
2	关键职能设计	在企业运作中，各项职能都是实现企业目标所不可或缺的，根据其在实现企业战略任务和目标时的重要性，可将其分为基本职能和关键职能。关键职能是由企业的经营战略决定的，经营战略不同，关键职能就不同。在实际工作中，关键职能设计可以分为以下六种类型：质量管理、技术开发、市场营销、生产管理、成本管理、资源管理

表1-5 划分部门的方法

序号	方法	具体说明
1	按人数划分	按人数划分就是按照组织中人数的多少来划分部门，即抽取一定数量的人组成一个部门，并在主管人员的指挥下执行任务。这是较原始、简单的划分方法
2	按时序划分	按时序划分是在正常的工作日不能满足工作需要时所采用的部门划分方法。通常实行"三班制"
3	按产品划分	按产品划分就是按组织向社会提供的产品和服务来划分部门。这种划分方法有利于发挥专用设备的效益，发挥个人的技能和专业知识，有利于部门内的协调。但是，它要求部门主管具备全面管理的能力，而且各产品部门的独立性较强，整体性较差，增加了主管部门协调和控制的难度
4	按地区划分	按地区划分就是按照企业活动分布的地区来划分部门。这种划分方式能够调动地方、区域的积极性，因地制宜地获取地方化经营的最佳经济效益。但是，由于地域的分散性，容易出现各自为政的局面，不利于企业总体目标的实现。这种划分方法多用于大型集团公司和跨国公司
5	按职能划分	按职能划分是遵循专业化的原则，以组织的经营职能为基础来划分部门。这是企业广泛采用的部门划分方式，几乎所有企业的组织架构都存在按职能分工的形式。这种划分方法有利于专业化分工和各专业领域最新思想和工具的引入。但易导致"隧道视野"现象，即形成部门导向，员工只关注部门目标而忽视企业整体利益。这种部门主义会给部门之间的协调带来很大的困难
6	按顾客划分	这是基于顾客需求的一种划分方法，即按组织服务的对象类型来划分部门。这种划分方式能够满足顾客特殊的、多样化的需求

在现实的管理活动中，企业部门的划分方法往往不是单一的，而是以上多种方法的组合。

3.职务设计

职务设计又称岗位设计，是在细分工作任务的基础上，给员工分配所要完成的任务，并规定员工的责任和职责。

职务设计的方法概括起来有表1-6所示的几种。

表1-6 职务设计的方法

序号	方法	具体说明
1	职务专业化	职务专业化就是将工作进行细分，使其专业化，这样员工所承担的工作往往是范围狭小和极其有限的。如建筑施工中的监工、电工、木工、装修工等
2	职务轮换制	职务轮换制是指让员工轮流执行工作任务。通过这一方法，员工的工作得以多样化，拓宽了员工的工作领域，使之获得新的技能，为员工在企业的进一步发展奠定了基础
3	职务丰富化	职务丰富化又称垂直职务承载，其具体办法为：改变领导的控制程度，提高员工的自主性和独立性；赋予员工更多的责任，使员工对工作拥有更多的支配权；为员工提供培训的机会，以满足他们个人发展的需要等
4	职务扩大化	职务扩大化是指扩大工作的范围，为员工提供更多的工作种类，赋予员工更多的工作自主权，比如使员工拥有决策权和控制权

四、组织架构设计的过程

1.调查分析组织架构设计的原因

在进行组织架构设计之前，设计者应调查和分析问题，找出设计原因。通常的原因有如下几种。

① 组织与战略脱节，组织复杂与组织功能缺位并存。

② 公司组织不精简，管理层级过多。

③ 各部门在工作中相互推诿，部门职责、权限不清晰。

④ 部门核心业务流程不明确。

⑤ 大部分企业组织架构以职能为主导，而不是以客户服务、市场和流程为主导。

⑥ 组织架构不能为企业适应快速变化的竞争环境和制定发展战略提供强有力的支持。

⑦ 内部控制体系和监督检查职能不完善。

⑧ 管理漏洞多，资源流失。

⑨ 集团化公司对各业务单元管控不清、管理失控或管理过死。

2.确定组织架构设计的目的

组织架构设计的目的有很多，主要有以下几种。

① 提高管理人员的管理技能。

② 对组织管理的现状、流程与组织的匹配等情况进行诊断分析。

③ 设计符合公司战略的组织机构、管控模式。

④ 提出现有组织架构存在的主要问题和优化方案。

⑤ 明确部门功能的职责与权限。

⑥ 帮助企业建立以客户、市场为导向的组织架构，以支持公司战略的实现。

⑦ 使部门职责、权限明确，减少协调工作。

⑧ 对内外部变化的环境做出及时有效的反应。

⑨ 让各部门协作与协同得到加强。

⑩ 让客户能得到及时的服务。

⑪ 让高层有时间思考公司的战略与发展问题。

⑫ 让员工能集中精力做好本职工作。

3.明确组织架构设计的任务

组织架构设计的任务是设计出清晰的组织架构，规划和设计组织中各部门的职权和职能，确定组织中参谋职权、职能职权、直线职权的范围，并编制职务说明书。

（1）设计组织架构

所谓组织架构，就是组织的框架体系，是为实现组织目标而对人员、工作、技术和信息所做的制度性安排。组织架构可以用规范性、复杂性和集权性这三种特性来描述。

（2）规划职能职责内容

尽管组织架构变得日益复杂，类型演化得越来越多，但任何一个组织架构都要解决三个问题：部门如何确立，职权如何划分，管理层次如何划分。这三个问题互相关联，受组织内外部环境变化的影响，因此组织架构的形式始终围绕这三个问题发展变化。要进行组织架构的设计，首先要正确处理这三个问题。

（3）总结组织架构设计成果

组织架构设计的成果表现为组织架构图、岗位说明书和组织手册，具体如图1-12所示。

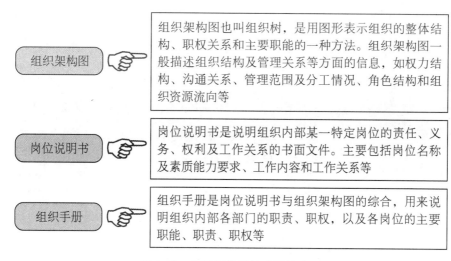

图1-12　组织架构设计成果的表现

4.组织架构设计的实施

组织架构设计的实施步骤如图1-13所示。

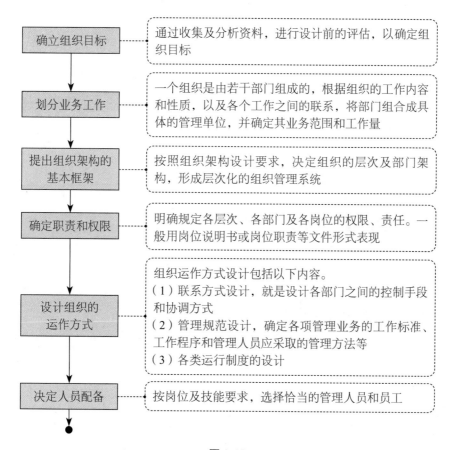

图1-13

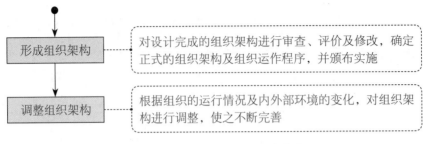

图 1-13　组织架构设计的实施步骤

第三节　岗位职能分析

进行人力资源规划的一个重要环节就是对现有岗位设置的必要性进行分析，这种分析可以形成岗位描述和岗位规范等基本信息，这些信息为人力资源预测和规划提供了依据。有了这些基础信息，人力资源规划工作才能有的放矢。

一、岗位分析的概念

岗位分析也称职位分析，是通过系统地收集与岗位相关的信息，包括任职条件、工作职责、工作强度、工作环境，以及工作的其他特征，来确认岗位的整体概况，从而对其做出正确、详尽描述的过程。岗位分析是人力资源管理工作的基础，其分析质量对其他人力资源管理模块具有非常重要的影响。

二、岗位分析的要素

进行岗位分析要从以下八个要素着手，即"7W1H"，如图 1-14 所示。

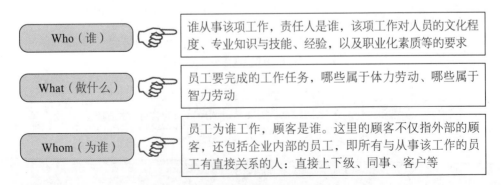

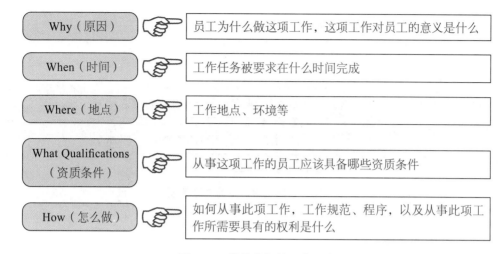

图1-14 岗位分析的八大要素

> 💡 **小提示**
>
> 　　岗位分析是一项复杂的系统工程，企业进行岗位分析时，必须统筹规划，分阶段、按步骤进行。岗位分析经常使用的方法有问卷调查、员工记录、总结分析、直接面谈等。得到岗位分析结果以后，我们就可以着手编制岗位说明书了。

三、岗位分析的步骤

1.准备工作

　　① 建立岗位分析项目小组。分配进行分析活动的权限和责任，明确分析活动的方法、流程及安排，以保证分析活动顺利完成。分析人员应具有一定的经验，还要具有独立性。

　　② 了解企业组织、战略、流程。岗位分析及岗位说明书的编写是根据业务流程、企业战略、组织架构设计及管理流程，最终把实施战略的责任分解并落实到个人。

　　③ 选择被分析的部门及岗位。为保证分析结果，应选择有代表性、典型性的部门及岗位。在进行信息收集之前，应向有关岗位的员工介绍岗位分析的意义、目的和过程，以及希望他们提供怎样的配合。

　　④ 选择信息来源。信息来源有：组织架构设计流程、业务流程、管理流程等书面文件，岗位任职者、管理监督者、内外部客户、岗位分析人员等的反馈，以及相关参考资料。在收集整理信息时应注意图1-15所示的事项。

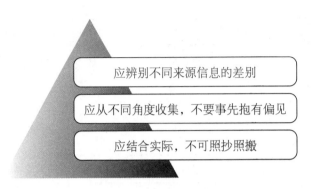

图 1-15　收集整理信息的注意事项

2.岗位信息收集

（1）岗位信息收集的内容

所收集的岗位信息应该能够回答下列问题。

◆ 岗位名称是什么？

◆ 上下级关系情况如何？

◆ 岗位存在的基本目的是什么？存在的意义是什么？

◆ 为达到这一目的，该岗位的主要职责是什么？

◆ 该岗位独有的职责是什么？

◆ 该岗位最关键的职责和所负责的核心领域是什么？

◆ 该岗位任职者需要负责并被考核的具体工作内容是什么？

◆ 该岗位的工作如何与组织的其他工作协调？

◆ 该岗位员工与组织的内部和外部需要有哪些接触？

◆ 怎样把工作分配给该岗位员工，如何检查和审批该岗位员工的工作？

◆ 任职者有怎样的决策权？

◆ 该岗位工作的其他特点，如出差、非社交时间、灵活性要求、特殊的工作环境等。

◆ 要获得所期望的工作成果，该岗位任职人员需要有什么行为、技能、知识和经验？

（2）岗位信息收集的方法

岗位信息收集的方法有很多，如表1-7所示。

3.岗位信息分析

对岗位信息进行分析整理，信息可分为表1-8所示的几个要素。

表 1-7 岗位信息收集的方法

序号	方法	具体说明
1	资料研读法	是指从组织和流程入手，收集组织架构设计、业务及管理流程等相关资料的方法
2	工作实践法	是指岗位分析人员从事该工作，在工作过程中掌握第一手相关资料的方法。采用这种方法，可以了解工作的实际任务，以及对环境、体力等方面的要求。这种方法适用于短期内可以掌握的工作，但此法对那些需要进行大量训练才能掌握的或有危险性的工作不适用
3	观察法	是指岗位分析者通过对特定岗位进行观察，把相关工作的内容、方法、原因、目的、程序等信息记录下来，归纳整理为适合的文字资料。通过这种方法取得的信息广泛、客观，但要求观察者有较好的实操经验且需要使用结构性问题清单。该方法不适于循环周期长的工作和以脑力为主的工作
4	问卷调查表法	根据岗位分析的目的、内容等编写结构性调查问卷，由岗位任职者填写后回收整理，提取岗位信息
5	核对法	根据事先拟订的工作清单对实际工作情况进行核对，从而获得相关工作信息
6	面谈法	岗位分析人员通过与任职人员面对面谈话来收集信息资料，包括单独面谈和团体面谈。这种方法较适于行政管理、专业技术等难以从外部直接观察到的岗位。这种方法需要岗位分析人员掌握较好的面谈技巧，按时间顺序记录岗位的工作内容和过程，并经过归纳提炼，取得所需的工作信息

表 1-8 岗位信息的要素

序号	要素	内容
1	基本信息	岗位的名称、编号、层级、所在部门等，以便后期的管理与识别
2	岗位目的	该岗位存在的主要目的和价值
3	岗位职责	该岗位的关键责任和产出成果
4	岗位工作权限	根据岗位应负的责任，赋予该岗位的相应工作权利
5	最低任职资格	胜任该岗位所需要的基本素质要求
6	工作关系	即该岗位在组织中的位置，通常用图、表的形式来表现

4.岗位信息固化

对岗位信息进行分析整理后，填入岗位说明书模板进行固化。

四、编写岗位说明书

岗位说明书是指用于阐述员工应该做什么、怎样做和在哪些情况下应履行职责的文件。需要根据企业的具体情况撰写岗位说明书，文字简洁明了，并且内容越具体越好，避免形式化、书面化。

岗位说明书的基本格式，也因情况的不同而不同，但是大多数情况下，岗位说明书应该包括表1-9所示的内容。

表1-9　岗位说明书的内容

序号	内容	具体说明
1	岗位识别信息	指岗位的基本属性特点，包括岗位的名称、部门、工作地点、出差要求及有效性标识等基本信息
2	工作网络关系	指岗位的内外部工作关系网络，包括与该岗位相关的上下级岗位名称、对下属员工的管理权限、管理幅度及与外部机构的工作关系
3	岗位目的与职责	包括岗位目的、职责范围、责任级别、衡量标准
4	任职资格	指任职者的最低准入条件，"最低"指如果再低于这个资格条件就无法胜任该岗位要求的工作，任职资格包括教育背景、工作经验、专业知识与技能

具体来看，表1-10是一份完整的岗位说明书的模板。

表1-10　岗位说明书

岗位识别信息			
岗位名称		所属部门	
岗位编号		工作地点	
所在城市		出差要求	□无　□偶尔　□经常 □常驻
版本号		生效日期	
工作网络关系			
直接上级岗位		其他汇报岗位	
直接下级岗位		人员管理权限 薪酬	□无　□建议权　□决定权
直接下级人数		人员管理权限 绩效	□无　□建议权　□决定权
直接管辖团队		人员管理权限 配备	
业务指导岗位			
对岗位产生影响的外部机构		受岗位影响的外部机构	

续表

岗位目的与职责			
岗位目的 （存在的理由，限制和目标）			
职责范围 （名称、定义、该职责所要达到的结果/目标）		责任级别 （全部/部分/协助）	衡量标准 （数量、质量）
业务类 战略层面			
战术层面			
操作层面			
管理类			
任职资格			
受教育程度		专业方向	
工作经验		行业经验	
培训经历		管理技能	
通用技能		专业技能	

1.岗位识别信息的撰写要点

岗位识别信息的构成要素如表1-11所示。

表1-11 岗位识别信息的构成要素

序号	构成要素	具体说明
1	岗位名称	指该岗位的名称，是对岗位职责的高度概括，格式为：限定词+名词，如研发工程师、财务部经理、培训专员等
2	所属部门	指该岗位所属的机构或部门，如营运中心、华北公司财务部等
3	岗位编号	指按照公司统一岗位编码原则确定的岗位编码
4	工作地点	指该岗位员工工作的具体位置
5	所在城市	指该岗位工作地点所在的城市
6	出差要求	指该岗位是否需要出差，以及出差的频率
7	版本号	指本岗位描述文件的版本编号
8	生效日期	指本岗位描述文件经过审核批准后开始生效的日期

2.工作网络关系的撰写要点

工作网络关系的构成要素如表1-12所示。

表1-12　工作网络关系的构成要素

序号	构成要素	具体说明
1	直接上级岗位	指该岗位的直接上级岗位名称
2	其他汇报岗位	指存在双重领导时该岗位的非直接上级岗位名称
3	直接下级岗位	指该岗位直接管理的下级岗位名称
4	直接下级人数	指该岗位直接管理的下级岗位的任职者数量
5	直接管辖团队	指该岗位直接下级中团队领导者的数量，其中团队领导者至少管理3个下属（不包括秘书，助理），管理2个下属时可计为0.5个
6	人员管理权限	描述该岗位对直接下属的管理权限： （1）薪酬：该岗位对直接下级的薪酬有无建议和决策权 （2）绩效：该岗位对直接下级的绩效考核有无建议和决策权 （3）配备：该岗位对直接下级的招聘、解雇、内部调动有无建议和决策权
7	业务指导岗位	指该岗位需要对哪些跨部门岗位进行业务上的指导
8	对岗位产生影响的外部机构	指该岗位受到哪些外部机构的影响，包括相关政府部门、产业链上下游企业及其他相关单位等
9	受岗位影响的外部机构	指该岗位对哪些外部机构产生影响

3.岗位目的与职责的撰写要点

（1）岗位目的的撰写要点

岗位目的的撰写应简单准确地说明该岗位存在的理由，受到的限制，其对组织的贡献，以及岗位工作最终要达到的目标和效果。在撰写中要注意以下事项。

① 不要将达成目的的过程写入目的陈述。

② 是对岗位职责的高度概括。

③ 撰写岗位目的时通常先论述岗位的工作任务，然后继续陈述这一工作起着什么样的作用，受到何种限制，要到达什么目的。

比如，销售员的岗位目的：按销售计划执行销售任务，回收货款，以实现公司年度销售目标。

（2）职责范围的撰写要点

职责范围包括为达到工作目标，需完成哪些工作，以及为完成这些工作个人所负有的责任。需要将工作内容分为业务和管理两大类，如表1-13所示。

表1-13　职责范围包含的内容

序号	内容	具体说明
1	业务类	指该岗位在战略、战术和操作三个不同层面中的主要工作内容： （1）战略层面指该岗位在公司战略方面的主要工作 （2）战术层面指该岗位在业务运作方面的主要工作，如主持质量保证体系建设工作，完成日常体系运行督查，确保体系正常运行并通过复审 （3）操作层面指该岗位在具体工作环节、流程方面的主要工作
2	管理类	指该岗位对所辖下属岗位的主要管理工作

（3）责任级别的撰写要点

责任级别是指岗位在职责范围内承担责任的程度，分为全部、部分和协助三类。具体如表1-14所示。

表1-14　责任级别

序号	级别	具体说明
1	全部	通过行使行政权力，来组织直接下属或协调其他职能部门完成某项工作，或者独立完成某项工作，对工作结果完全负责，如人力资源主管主要负责绩效管理工作，对其承担全部责任
2	部分	辅助或与别人共同完成某项工作，对工作结果承担局部责任，如人力资源主管配合人力资源经理进行人员配置，即承担部分责任
3	协助	支持别人完成某项工作，对工作结果只承担间接责任，如人力资源主管参与建立人力资源体系，则承担协助责任

（4）衡量标准的撰写要点

衡量标准是指衡量岗位职责完成情况的数量、质量等指标。

比如，衡量项目部人员职责完成情况需要考虑项目成本，衡量财务人员职责需要考虑其制作报表的及时性和准确率，衡量辅助性职能部门人员职责完成情况需要考虑员工满意度。

4.任职资格的撰写要点

任职资格的构成要素如表1-15所示。

表1-15　任职资格的构成要素

序号	构成要素	具体说明
1	受教育程度	指对任职者的最低学历的要求
2	专业方向	指对任职者所学专业方向的要求
3	工作经验	指对任职者从业年限的要求
4	行业经验	指对任职者在特定行业或专业领域的从业时间要求

序号	构成要素	具体说明
5	培训经历	指对任职者经过培训具备的非学历资质的要求
6	管理技能	指任职者需要具备的相关管理能力及水平，如高级项目管理技能
7	专业技能	指任职者需要具备的相关专业能力及水平，如中级商务谈判能力
8	通用技能	指任职者需要具备的除专业能力之外的基础能力及水平，如高级计算机及网络应用能力

第二章

人才招聘管理

人才招聘管理是指根据岗位需求，科学合理地吸引、甄选、录用人才，并在合适的时间将合适的人配置到合适岗位上，安排其合适的工作任务。因岗定人，这是企业将人力资源规划方案落实的第一步。

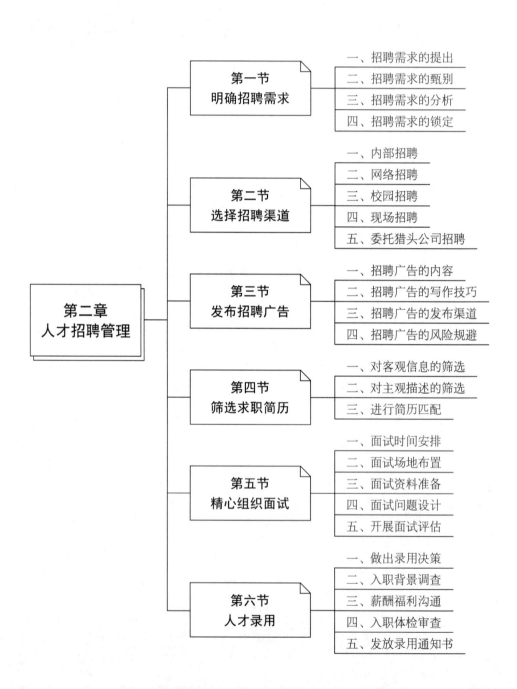

第二章
人才招聘管理

第一节
明确招聘需求
一、招聘需求的提出
二、招聘需求的甄别
三、招聘需求的分析
四、招聘需求的锁定

第二节
选择招聘渠道
一、内部招聘
二、网络招聘
三、校园招聘
四、现场招聘
五、委托猎头公司招聘

第三节
发布招聘广告
一、招聘广告的内容
二、招聘广告的写作技巧
三、招聘广告的发布渠道
四、招聘广告的风险规避

第四节
筛选求职简历
一、对客观信息的筛选
二、对主观描述的筛选
三、进行简历匹配

第五节
精心组织面试
一、面试时间安排
二、面试场地布置
三、面试资料准备
四、面试问题设计
五、开展面试评估

第六节
人才录用
一、做出录用决策
二、入职背景调查
三、薪酬福利沟通
四、入职体检审查
五、发放录用通知书

第一节　明确招聘需求

明确招聘需求是组织招聘工作的起点，它对招聘工作的整个流程起到引导作用，是招聘开展前最基础的准备工作。只有在招聘前确定招聘的目的，明确招聘需求，做到人岗匹配，招聘才能取得更好的效果。

一、招聘需求的提出

人力资源经理应根据企业统一的人力资源规划，或由各部门根据长期或短期的实际工作需要，填写员工需求申请表，准确地把握企业对各类人员的需求信息，确定人员招聘的种类和数量。

🔍【实战工具05】▶▶ -

员工需求申请表

职位/职级：	部门：	□ 职工　　　□ 职员
直属主管姓名：　职位：	所需数目：	到职日期：
性质 □ 固定 □ 兼职 □ 临时 时间＿＿＿＿＿＿＿＿	性别 □ 男 □ 女	年龄 □ 18～20　□ 21～25 □ 26～30　□ 31～35 □ 36～40　□ 40以上
工作地点：		
建议薪金：	最高：	工作时间：
	最低：	休息日：
聘请原因		
□ 替代	替代员工姓名：	职位/职级：
	离职日期：	
□ 增加	增加原因：	
□ 预算	□ 非预算	
工作内容与职责：		

续表

资格要求：			
学历：			
知识/技能：			
经验：			
个人特性：			其他：
建议聘请途径		□ 向外聘请 □ 内部调升	建议人选：
建议人： 签名： 日期：	部门经理： 签名： 日期：	复审（人力资源部）： 签名： 日期：	批准（总经理）： 签名： 日期：

二、招聘需求的甄别

当用人部门提出招聘需求时，HR（人力资源专员）应在明晰业务背景的前提下用实际数据与用人部门探讨人员配置。通过甄别环节，判断用人部门的招聘需求是否合理。具体可以通过图2-1所示的四个维度来进行甄别。

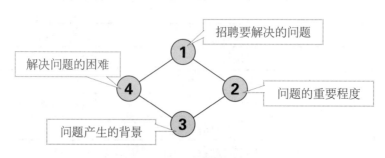

图2-1　甄别招聘需求的维度

1.招聘要解决的问题

招聘只是用人部门认为的解决问题的手段和途径，HR在面对部门的招聘需求时，第一反应应该是去探究用人部门提出招聘需求背后的真正诉求是什么，即招聘要解决什么问题。

HR要与用人部门及招聘流程相关者进行深入交流，挖掘部门招聘需求背后的真正诉求，确保其招聘需求是在实际业务场景下产生的，而不是主观想象出来的。有时候用人部门可能真不知道为什么要招聘，只是觉得部门多个人能多分担些任务，实际上等人招来了却没什么工作可安排。

另外，在用人部门以离职补充为由要求招聘时，HR同样要探究其背后的诉求，因为有时候用人部门里会有一些所谓的"闲人"，或者因为历史原因留有多余人员，这些人离职后，就没必要补充。

2.问题的重要程度

在确定招聘要解决的问题后，HR需要探究这个问题的重要程度，即这个问题是否会影响业务推进，或者可以反向思考，这个问题不解决会带来什么样的影响。如果现阶段这个问题并不是特别重要，那么招聘就可以暂缓。

3.问题产生的背景

即招聘要解决的这个问题产生的背景是什么？是业务战略改变，产品技术革新，政策异动或者是组织架构调整。只有明晰问题产生的背景和原因，我们才能更合理地推演问题解决思路，进而判别招聘需求的真伪。

一般来说，事先制订好的招聘计划是可以直接执行的。当用人部门发现人手紧张时，他们的第一反应往往就是：我们需要招人。其实遇到职位空缺或人手不够的情况不一定非要招聘新人，可以通过表2-1所示的方式解决。

表2-1　解决人手不够的方式

序号	解决方式	具体说明
1	将其他部门的人员调配过来	一个部门人员不够时，很可能另一个部门有富余的人员，而这些人员恰好可以满足部门的人员需求
2	现有人员加班	有些工作任务是阶段性的，若招聘正式员工进来，短期的繁忙阶段过去了，部门就会出现冗员现象。如果现有人员适当加班就可以解决问题，那么就不必去招聘新人了
3	重新设计工作	有时人手不够可能是由于工作流程不合理或者工作分配不合理。如果能够对工作进行重新设计，人手不够的问题可能就会迎刃而解
4	将某些工作外包	有些非核心性的工作任务完全可以外包给其他机构来完成。这样不仅可以免去招聘人员的麻烦，还减轻了管理的负担

小提示

人力资源部有必要帮助用人部门管理者判断是否必须通过招人来解决问题，即使是招人，也要判断是否一定要招聘正式员工。

4.解决问题的困难

即解决招聘需求背后的问题时，遇到的困难和挑战是什么？这个问题要导出两个结果，一是要解决这个问题，招聘是否是唯一选择，或者是否是最优选择；二是要解决这个问题需要什么特质的人。

综上，HR应围绕这四个问题，与用人部门共同梳理、深入沟通，就招聘需求的真实性达成共识。即使最后发现是伪需求，HR也会因为协助用人部门找出需求背后的问题，而取得用人部门的理解和认同。

三、招聘需求的分析

通过上面的甄别环节，HR辨别了用人部门招聘需求的真实性。在需求的分析阶段，HR应围绕新人来了做什么、公司能为新人提供什么这两个问题来剖析理解招聘需求，客观呈现企业诉求及自身的优劣势，为招聘策略的制定奠定基础。对此，HR可从表2-2所示的四个维度对招聘需求进行分析。

表2-2　招聘需求的分析维度

序号	分析维度	具体说明
1	岗位诉求	基于招聘需求甄别阶段与用人部门的深入交流，HR与用人部门已对新人到来后要解决的问题，可能遇到的困难和挑战，达成了共识。在此，需要HR进一步与用人部门沟通，一是完成对现状和基础的客观描述；二是明晰评价问题解决程度的量化指标，避免出现双方对新人评价不一致的现象
2	组织定位	指具体指在企业现行组织架构中，招聘岗位所处的层级、承担的职责、协作汇报关系等。HR需要借助企业编制的岗位说明书、任职资格要素、胜任力素质模型等资料，整理相关信息。同时HR要深入实际业务场景，观察目前在岗人员工作情况，了解岗位细节。如果是新增岗位招聘，可以通过行业交流来了解岗位相关信息
3	企业环境	通过对企业环境的分析，一是可以知晓企业自身在市场上的竞争优势，二是可以明晰企业所需人员的特质要素，做到价值观匹配，企业环境分析主要包括两个方面。 （1）硬环境：可以显性感知的，具有客观量化评价指标的环境，包括薪酬福利、地理位置、公司规模、行业地位、品牌知名度等

续表

序号	分析维度	具体说明
3	企业环境	（2）软环境：企业特有文化、团队行事风格及领导管理风格等 　　对企业软环境的分析一定要客观清晰，越是高端岗位人员，越注重与企业文化的融合和匹配。企业在做价值观匹配时，首先要检查自己的企业文化或者价值观是否是目标群体所认同的，企业要能够根据不同情况适时优化自己的软环境，而不是一味地找适应自己价值观的人
4	外部环境	外部环境分析，侧重从整个行业视角，看待招聘岗位的情况，包括人才供给情况、薪酬水平及人群特性等，明晰人才竞争情况

💡 **小提示**

通过招聘需求分析，HR要清楚企业内部对于招聘岗位的定位、诉求，以及企业自身的优势有哪些，同时也要清楚外部市场情况。基于目标群体的特性，结合企业内外部情况，才能为后续制定精准的招聘策略奠定基础。

四、招聘需求的锁定

HR在与用人部门就招聘需求甄别、招聘需求分析达成一致意见后，还要做的一项工作就是锁定招聘需求，完成人才画像，可以通过图2-2所示的六个维度进行锁定。

基本情况 ☞	包括候选人教育情况、从业经历、同类型岗位工作经历等
专业技能 ☞	基于企业要解决的实际问题及面临的困难和挑战进行反向推定。比如企业当前面临服务品质提升的难题，候选人必备的能力一定要有标准化服务体系构建落地能力、客户需求挖掘能力、定制化产品开发能力等
价值观 ☞	根据企业文化、团队结构及领导管理风格提炼融合要素。比如企业盛行茶文化，那么候选人最好也不讨厌喝茶，否则就会有些难融入
行为习惯 ☞	包括做工作计划、时间管理、主动学习等的习惯；尤其在这个快速更迭的时代，好的行为习惯是工作效率提升的基础
性格特性 ☞	重点关注团队协作能力、情绪管理能力及人际关系处理能力
市场定位 ☞	明确需求岗位的市场薪酬水平和对应分位值，明确目标群体的聚集范围，绘制人才地图

图2-2　锁定招聘需求的维度

小提示

在人才画像过程中，HR要全程与用人部门保持紧密互动，确保双方对目标候选人认知的一致性，这样才不至于出现对招聘进来的人员评价不一的情况。

第二节　选择招聘渠道

招聘渠道，是招聘行为的辅助之一。HR在选择招聘渠道的时候，要综合考虑招聘成本、招聘时限要求及招聘职位要求。

一、内部招聘

随着外部招聘风险和招聘成本越来越大，现在很多企业已开始青睐于内部招聘，尤其是那些处于经济欠发达地区，人才资源匮乏，知名度较低，招聘资金预算有限的企业，甚至有些著名的大公司也通过人才培养和储备的形式为高层次职位寻求合适人选。

1.内部招聘的优点

内部招聘具有图2-3所示的优点。

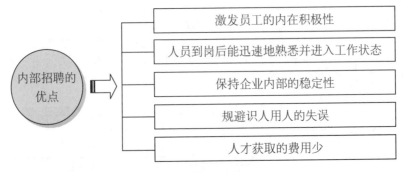

图2-3　内部招聘的优点

2.内部招聘的缺点

内部招聘具有图2-4所示的缺点。

容易形成企业内部人员的板块结构

可能引发企业高层领导的不团结

缺少思想碰撞的火花，影响企业的活力和竞争力

徇私舞弊的现象难以避免

会出现涟漪效应

图2-4　内部招聘的缺点

3.内部招聘的实施策略

只有达到事半功倍效果的内部招聘才能称之为成功的内部招聘。具体到其特性来讲，成功的内部招聘主要具备两大特征，其一是为企业的空缺岗位找到合适、满意的人选；其二是通过内部招聘活动，能够有效地激励员工，提高员工工作士气。当然，要使内部招聘具备这两大特征也不是一蹴而就之事，要制定好图2-5所示的实施策略。

建立企业内部的人才储备机制

为招聘岗位制定完备的岗位分析说明书

完善企业内部招聘制度，优化测评技术和方法

坚持人事相宜的根本理念

建立与内部招聘策略配套的培训体系

建立和谐、友善的内部招聘沟通机制

图2-5　内部招聘的实施策略

（1）建立企业内部的人才储备机制

建立人才储备机制具体到操作层面就是要求企业敢于从外部和内部招募、挑选具有较大发展潜力的员工，并搭建有益于这些员工发展的平台，如培训政策向这部分人员倾斜，给予其具有激励性质的薪酬等。

（2）为招聘岗位制定完备的岗位分析说明书

岗位分析说明书是进行招聘活动的指导性文件，也是保证招聘活动经济、有效的基础。离开了完备的岗位分析说明书，整个招聘活动将会陷入一种极其混乱的状态。

（3）完善企业内部招聘制度，优化测评技术和方法

正所谓"没有规矩，不成方圆"。内部招聘若是没有完善的招聘制度作保障，其将有可能在"近亲繁殖"或"派系斗争"中陷入无序的发展模式。同时，也可以引进现代化的测评技术和测评方法来辅助内部招聘活动，提高内部招聘的正确性、准确性。

（4）坚持人事相宜的根本理念

坚持人事相宜的理念既有利于企业充分利用自身的人力资源，对企业的有序、协调发展起助推作用，也有利于员工个人的健康发展，调动员工的工作积极性。那怎样才能真正做到人事相宜呢？其步骤如图2-6所示。

第一步　做好规范化的岗位分析工作，知晓该岗位是做什么的，录用者需具备怎样的能力和素养等，通过规范化的岗位分析为招聘岗位建立参照系

第二步　做好人员考察和测评工作，对员工过去的工作信息和人才测评结果进行分析，了解员工具备的发展潜能，以及适合的发展方向和从业岗位

第三步　再将岗位分析与员工考察、测评结果进行比较，根据二者的相关性和匹配度做出一个科学的决策。总的来说，就是追求人与岗位相匹配，岗位与人相协调，岗位与人合二为一的高境界

图2-6　做到人事相宜的步骤

（5）建立与内部招聘策略配套的培训体系

建立与内部招聘策略配套的培训体系可以说是一些企业培训工作中常忽略的部分。建立与内部招聘策略配套的培训体系具有很重要的意义，尤其是其能够缩短新录用员工与新环境、新岗位的磨合期，降低管理风险。

一般来讲，基于内部招聘策略的培训主要可分为如图2-7所示的两种类型。

第一种　传授日常事务性知识的培训，其主要向录用者传授新岗位、新工作环境等相关基本知识和信息，如科室人员状况，上下级部门及人员关系等

第二种　能力塑造和提升培训。其主要是针对岗位需求对录用者进行业务能力培训，如销售部门人员的沟通能力培训，管理岗位的管理技巧培训，公关部门的公关能力培训等

图2-7　基于内部招聘策略的培训类型

小提示

建立与内部招聘策略配套的培训体系既有助于员工个体的健康发展，也有助于内部招聘培训向制度化、规范化、程序化的轨道发展，提高内部招聘的质量和效果。

（6）建立和谐、友善的内部招聘沟通机制

沟通一直是人力资源管理中一个永恒的话题。离开了和谐、友善的沟通，人力资源管理将会失去其本来的意义和功能。具体到内部招聘的沟通机制，其具有两项重要的功能，如图2-8所示。

协调内部招聘可能引发的矛盾，如录用者与未录用者之间的矛盾，未录用者与企业的矛盾，录用者在新的岗位和融入组织的过程中产生的矛盾，这都需要运用和谐、友善的沟通对这些矛盾进行调解，避免矛盾激化，给企业的发展带来不利的影响

传递组织的人文关怀。通过建立和谐、友善的沟通机制使员工感受到组织的温情，增强对组织的归属感，从而提高员工对企业的忠诚度

图2-8 内部招聘沟通机制的功能

对于内部招聘，企业不仅要在招聘方式上给予重视，更要在理念上和技术上给予相当的关注。只有真正地做好了上述几方面的工作，使内部招聘在正确理念、正确机制、正确制度下进行，才能有助于实现企业所追求的"锦上添花，事半功倍"的境界。

二、网络招聘

网络招聘，也被称为电子招聘，是指运用信息技术手段，帮助企业完成招聘的过程。即企业通过自己的网站、第三方招聘网站等，使用简历数据库或搜索引擎等工具来完成招聘过程。

1.网络招聘的优势

网络招聘具有图2-9所示的优势。

图2-9 网络招聘的优势

2.网络招聘的缺点

网络招聘的缺点如图2-10所示。

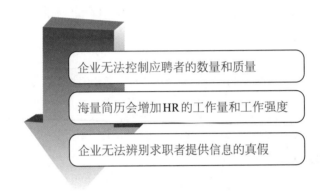

企业无法控制应聘者的数量和质量

海量简历会增加HR的工作量和工作强度

企业无法辨别求职者提供信息的真假

图2-10 网络招聘的缺点

3.网络招聘平台的选择

网络招聘细分平台众多，HR在选择平台时，要选"对"的，不选"贵"的。

① 如果面向全国招募人才就选择全国性的综合招聘网站，如智联招聘、前程无忧、58同城等。

② 如果只是在某区域内招聘，就选择地区性强的招聘网站，如地方论坛、地方人才网等。

③ 如果需要招聘专业性人才，那就可以选择行业性网站，如汽车人才网、司机招聘网等。

总之，在选择招聘平台时，HR要根据公司规模并结合公司对人才的要求进行选择。

三、校园招聘

校园招聘是一种特殊的外部招聘途径，指招聘组织（企业等）直接从学校招聘各类各层次应届毕业生，也指招聘组织（企业等）通过各种方式招聘各类各层次应届毕业生。

1.校园招聘的优点

校园招聘的优点如图2-11所示。

优点一　针对性强

优点二　选择面大

优点三　选择层次是立体的

优点四　适宜进行战略性人才选择和储备部分优秀人才

优点五　通过校园招聘获得的人才比较单纯，具有可塑性，可以根据企业的需求培养

图2-11　校园招聘的优点

2.校园招聘的缺点

校园招聘的缺点如图2-12所示。

1　由于学生没有任何工作经历，企业对应聘者今后的表现和绩效缺少充分的把握

2　由于学生缺乏经验，企业投入的培训成本高

3　由于学生常有眼高手低、对工作期望值过高的缺点，因此跳槽的概率高，造成企业招聘成本增加

4　如果培养、任用不当，学生可能会不认可企业的文化和价值观，影响企业的团队建设

图2-12　校园招聘的缺点

3.校园招聘的方式

① 企业直接派出招聘人员到校园公开招聘。

② 企业有针对性地邀请部分大学生在毕业前（大约毕业前半年的时间）到企业实习，参加企业的部分工作，由企业的部门主管直接进行考察，了解学生的能力、素质、实际操作能力等。

③ 由企业和学校联手培养人才。

4.校园招聘的流程

① 做好前期相关准备工作。

② 发布招聘信息。

③ 准备面试题。

④ 与校方联系，确定校园招聘的时间和地点。

⑤ 提前在校园内进行企业招聘的宣传，尽量吸引优秀的毕业生到招聘现场。

⑥ 进行现场演示，介绍公司的历史、文化、发展前景、人力资源管理概况，特别是员工薪资福利概况和培训发展概况。

⑦ 请应聘学生递交简历，或填写求职申请表。

⑧ 对简历进行初步筛选，并组织面试。

⑨ 向学校相关部门和老师了解应聘学生的在校表现。

⑩ 初步决策。

四、现场招聘

现场招聘是一种企业和人才在第三方提供的场地，直接进行面对面对话，现场完成招聘面试的一种方式。

现场招聘会一般由当地政府及人才介绍机构发起和组织，较为正规。同时，大部分招聘会具有特定的主题，比如"应届毕业生专场""研究生学历人才专场"或"IT类人才专场"等，对应聘者的毕业时间，学历层次，知识结构等进行区分，让企业可以很方便地选择适合的专场设置招聘摊位进行招聘。招聘会的组织机构一般会先对入会应聘者进行资格的审核，这种初步筛选，节省了企业大量的时间，方便企业对应聘者进行更加深入的考核。但是目标人群的细分方便了企业的同时，也带来了一定的局限性，如果企业同时需要招聘几类人才，那么就要参加几场不同的招聘会，这在一定程度提高了企业的招聘成本。

现场招聘的形式不仅可以节省企业初次筛选简历的时间成本，入会应聘者的简历的有效性较高，而且与其他方式相比，它所需的费用也较少。但是现场招聘也存在一定的局限，一是受地域限制，现场招聘一般只能吸引到其所在城市及周边地区的应聘者，二是这种方式也会受到组织单位的宣传力度及组织形式的影响。

五、委托猎头公司招聘

现在的企业在寻找高级人才的时候，更倾向于委托猎头公司进行招聘，猎头公司可以为企业制订招聘计划和方案，让企业更好更快地找到适合的人才。

1.与猎头进行面谈沟通

企业想要委托猎头招人，就永远不要期待通过线上交流就能谈成一笔交易。如果没有面对面的交流，双方都很难深刻地了解彼此。因此，企业需要好好把握面谈的次数，双方在见面的情况下进行沟通，才有条件判断彼此是否值得合作。所以，企业做好面谈沟通是委托猎头招聘的第一步，只有当面与猎头沟通后，才能判断猎头的专业水平和信誉度。

2.详细清楚地表达自己的需求

对于企业来说，想要让猎头快速帮自己找到合适的人才，就必须先让对方彻底地理解自己的需求。

比如，要告诉猎头企业的职位需求，管理者对人才的要求是什么，因为每个企业的情况不同，管理者的管理模式和想法不同，所以对每个职位的要求自然是不一样的。

所以，企业需要详细并清楚地向猎头公司表达自身的需求，这样猎头招人的速度会更快。

3.拟好猎头委托书

委托业务的达成，最重要也是最关键的一步就是签订委托书。企业所有的要求与需求，以及权益与义务都要在委托书上体现出来。前面沟通过程中所约定的任何事项都是口说无凭的。因此，企业想要委托猎头招人，双方就都需要负责任地拟好猎头委托书，在委托书上详细地注明企业自身应该享有的权益和猎头应该履行的义务。尤其要避免一些含糊不清的表达，和一些有歧义的词语，尽可能地使委托书简明、易理解与全面。

第三节　发布招聘广告

宣传是推广的必要手段，而今人才市场竞争越来越激烈，企业想要招到真正适合的人才，不仅要吸引人才关注企业，还要充分展示企业优势，从而在与竞争对手的招聘竞争中保持优势。发布招聘广告，就成了HR必须掌握的技能。

一、招聘广告的内容

一般来讲，招聘广告主要是给求职者看的，主要由企业名称、企业简介、岗位名称、招聘名额、岗位描述、岗位要求、企业联系方式等内容组成。

1.企业标志和广告性质

招聘广告设计的最基本要求是让观者一眼就可以看出这是什么广告，不会与其他广告混同。因此，应在广告的显眼位置注明广告的性质。

比如，就报纸广告而言，最显眼的位置应该是左上角，其次是左边，被称为"金角银边"，这与汉字从左至右的排版习惯有关，在"金角银边"的位置，应该印上招聘企业的名称和企业标志，并以大号字体注明"诚聘"或"聘"字样。

2.企业性质简介

招聘广告的第一段应该写清楚企业性质及经营业务等情况，以便让求职者对招聘企业有一个初步的了解。不应文字过多、喧宾夺主，而应以简约的语言将企业最能吸引求职者的信息表达出来。

比如，有一家企业在简要介绍完自己企业的情况后，加上这么一句话："在本公司，你不必担忧以下问题：论资排辈，唯学历论，发展空间狭窄，嫉贤妒能，分配封顶，缺乏培训机会。"这就是一个颇为成功的设计。

3.主要职责和任职要求

招聘广告要传达的最重要的信息之一是有关空缺岗位的主要职责和任职要求的信息。"主要职责"告诉求职者这个岗位要做什么，"任职要求"告诉求职者应聘该岗位要具备什么条件。当然，这里不需要将岗位说明书中的相关条款全部照搬下来，但至少要参考其中的主要条款并以简要的语言注明。

4.申请资料要求和联系方式

招聘广告的最后，要向求职者说明投寄申请资料的要求和联系方式。如"有意者请于某月某日前将详细的简历、有关学历证书和身份证复印件、免冠近照、要求薪金、联络地址和电话发送至……"。

可以要求求职者提出薪金要求，这是有关求职者的重要信息。招聘企业提供的联系方式主要有通信地址、电话号码、电子邮箱和传真号码等。对于招聘工作量大的企业，可以不提供电话，以免增加人力资源部的工作量。

除此之外，在招聘广告中，是否还需要添加其他项目，如企业文化情况、食宿条件、培训情况等，可视招聘企业的具体情况和广告篇幅而定。但要注意突出重点，避免"面面俱到"。设计出一则成功的招聘广告，既能体现企业对人才的尊重和渴求，又能表现出企业在管理上的细致、高效。

二、招聘广告的写作技巧

1.撰写广告标题的技巧

一个好的标题应该是具备图2-13所示的四大功能。

图2-13 好的标题应有的功能

不过这四个功能都显示出一个问题：招聘广告要与求职者匹配度高。对于求职者来说，招聘广告要看起来与其有关。因为人总是关注自己想关注的内容，对与自己没有直接利益关系的事情，都会略过。

求职者的身上，都会带着能够定义他们是谁，他们来自哪里，他们的个性是什么的标签。如果企业在招聘广告中将这些求职者所具备的标签呈现出来，当求职者看到的时候，就能轻易引起他们的关注。

因此，招聘广告的标题一定要简洁醒目，才能吸引人。同时，标题需要个性化，通过标题去勾起求职者的好奇心。

比如：

① 90后的舞台。

② 您知道我在等你吗？

③ 没有年终奖？没有假期？我们公司都有！

④ 选择××，选择美好人生！

⑤ 急缺销售人员，之前的都当老板去了！

⑥ 听不懂他们在讲什么？我们会有各种培训，让你无所不知！

2.招聘广告开头的技巧

招聘广告的开头主要叙述招聘原因，引出招聘广告的正文。常见的有图2-14所示的三种开头方式。

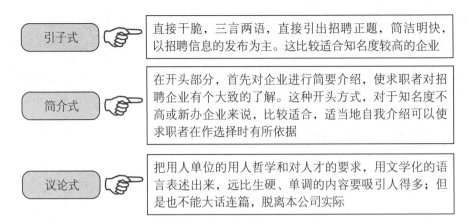

图2-14　招聘广告的开头方式

三、招聘广告的发布渠道

招聘广告的发布渠道有很多，下面主要介绍几种常见的渠道。

1.在线下张贴

企业在以下地点张贴招聘广告能达到更好的宣传效果。

① 公司的门口或者公司大厅进门的位置。

② 招聘会的现场。

③ 如果招聘面向学生可以贴到高校校园里的宣传栏、广告栏。

④ 公司所在城市的繁华地段的广告栏。

2.在互联网上发布

在互联网上发布招聘广告，省时省力，效果也不错。具体操作方法视不同的招聘平台而定。

3.在社交软件上发布

随着社交软件的应用越来越广泛，许多HR会倾向于在微信朋友圈、抖音发布招聘信息。相比于网站、报纸等传统渠道，朋友圈、抖音招聘时效性强，互动性强，而且更加精准，容易推广，因此受到了HR的一致青睐。

4.在报纸上发布

报纸发行量大，能够迅速将信息传达给读者，同时广告的大小可以灵活选择。但报纸的阅读对象较杂，很多读者并不是企业所要寻找的岗位候选人，而且报纸广告保留的时间也较短。一般情况下，报纸招聘广告比较适合在某个特定地区的招聘，适合候选人数量较大的岗位，适合员工流失率较高的行业或职业。

四、招聘广告的风险规避

招聘广告是企业招聘人才的一种重要的宣传方式，但撰写与发布不规范的招聘广告，不仅会影响企业的声誉，更会给企业带来一定的法律风险。因此，HR要学会如何规避招聘广告中的风险。

1.发布的信息应该真实

根据《就业服务与就业管理规定》第十四条，用人单位招用人员不得提供虚假招聘信息，发布虚假招聘广告。

根据《人才市场管理规定》第二十三条有关规定，用人单位公开招聘人才，应当出具有关部门批准其设立的文件或营业执照（副本），并如实公布拟聘用人员的数量、岗位和条件。

由此可见，用人单位应本着诚实守信原则，避免构成欺诈。如果用人单位被认定为欺诈，则其与劳动者签订的劳动合同会被认定为无效或部分无效，劳动者可随时与用人单位解除劳动合同，用人单位还需向劳动者支付经济补偿金，给劳动者造成损失的，还应当承担赔偿责任，同时用人单位还可能被劳动保障行政部门罚款。

2.内容应该契合招聘岗位的需求

《就业服务与就业管理规定》第十一条第二款明确规定："招用人员简章应当包括用人单位基本情况、招用人数、工作内容、招录条件、劳动报酬、福利待遇、社会保险等内容，以及法律、法规规定的其他内容。"

此外，招聘广告中还应包括报名的方式、时间、地点等信息，但这些信息并不具有法律上的意义，仅仅起到通知作用。

虽然招聘广告是要约邀请，原则上对用人单位并不具备法律约束力，但是招聘广告中的岗位信息及招录条件等则是可能产生法律效力的。岗位信息实际上是确定人员招聘的前提条件，而且应聘者通常会针对招聘广告所公示的某个具体岗位提出求职申请。因此，当用人单位经过面试甄选确定录用人员时，其确定原则上应该符合招聘广告上的要求。

对应聘人员基本条件的要求，对于用人单位考核录用人员具有重要的意义。因为根据《中华人民共和国劳动合同法》（以下简称《劳动合同法》）第三十九条有关规定，在试用期间被证明不符合录用条件的，用人单位可以解除劳动合同。但结合《最高人民法院关于审理劳动争议案件适用法律问题的解释（一）》第四十四条，如果辞退职工，应由用人单位一方举证证明员工不符合录用条件。而何谓录用条件，尽管存在争议，但是用人单位的招录条件通常被视为录用条件的重要内容。因此，用人单位应该尽量明确录用条件。

3.应细化岗位职责

关于招聘广告中岗位职责的细化问题，不仅关系到用人单位招什么样的员工、具体工作职责等，还是日后考核、解除劳动合同的重要依据。根据《中华人民共和国劳动法》（以下简称《劳动法》）第二十六条和《劳动合同法》第三十九条的规定，劳动者不能胜任工作是用人单位解除劳动合同的法定依据，因此用人单位在招聘广告中应清晰表述岗位职责，以减少日后因解除劳动合同而发生的劳动争议，降低用人单位人力资源管理工作的风险。

4.应避免就业歧视

就业歧视是指没有合法目的和原因而基于种族、肤色、宗教、政治见解、民族、社会出身、性别、户籍、残障或身体健康状况、年龄、身高、语言等原因，采取区别对待、排斥或者给予优惠等任何违反平等权的措施侵害劳动者劳动权利的行为。

招聘广告中应避免出现就业歧视，具体措施如图2-15所示。

图2-15　招聘广告中避免出现就业歧视的措施

（1）合理确定招聘条件

就业歧视是对劳动者平等权的侵害，如果企业想避免其招聘广告上的招聘条件构成就业歧视，就应该承担证明其招聘条件具有正当性和合理性的责任。因此，岗位特点、就业需求是合理确定招聘条件的重要因素。

（2）招聘条件的表述要缓和

在招聘广告中对于招聘条件的表述要尽量缓和，避免采用非此即彼的表达方式，多使用"优先""择优"等字眼，少用"用于""不用"等表述。

比如，可将"只限男生（女生）"改为"男生（女生）优先"，避免刚性表述，体现出招聘单位录用员工是基于对应聘者进行评估和考核之后的合理选择，而非基于某一个刚性标准。

（3）不确定的内容要慎重表述

对于招聘广告中的部分内容，用人单位如果无法确定其是否涉及就业歧视，应该慎重表述或者不表达。

总之，招聘广告的内容应该语言精练、表达准确，并非越多越好。尤其是在部分内容存在争议的情况下，用人单位更应该慎重，应该选择更为柔和的语言或其他更为恰当的方式表述。

第四节　筛选求职简历

筛选应聘者简历的目的在于快速判断合适人选，缩短招聘时间，减少招聘环节，降低招聘成本，提高招聘效率。

一、对客观信息的筛选

收到应聘者简历后，HR首先会结合招聘职位查看简历上的客观信息，其主要包括图2-16所示的四方面内容。

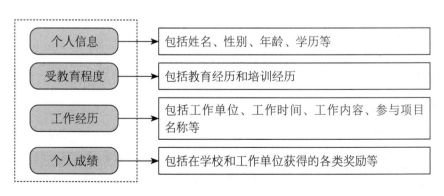

图2-16　客观信息内容

1.个人信息的筛选

① 在筛选对硬性指标（性别、年龄、工作经验、学历）要求较严格的职位的简历

时，如个人信息中有一项不符合职位要求，则要快速筛选掉。

② 在筛选对硬性指标要求不严格的职位的简历时，除了结合招聘职位要求，也可以参照表2-3所示的人在不同的年龄阶段的特定需求进行筛选。

表2-3 人在不同的年龄阶段的特定需求

序号	年龄阶段	特定需求
1	25岁以前	寻求一份好工作
2	26～30岁	个人定位与发展
3	31～35岁	高收入工作（工资、福利、隐性收入）
4	36～40岁	寻求独立发展的机会、创业
5	41岁以上	一份稳定的工作

2.受教育程度的筛选

① 在查看应聘者教育经历时，要特别注意求职者是否用了一些含糊的字眼，有无注明大学教育的起止时间和类别等。

② 在查看应聘者培训经历时，要重点关注其专业培训、考证培训情况，查看其专业（工作专业）与培训的内容是否对口。培训经历仅作为参考，不作为简历筛选的主要标准。

小提示

对于技术性较强的职位，应聘者是否科班出身、是否具备必要的专业资质和法定的资格证书极为重要。

3.工作经历的筛选

求职者工作经历是考察的重点，也是评价求职者基本能力的依据，应从以下几方面做出分析与筛选。

（1）工作时间

① 主要查看应聘者总工作时间、跳槽或转岗频率、每项工作的工作时间、工作时间的衔接性等。如在总的工作时间内应聘者跳槽或转岗频繁，则其每项工作的工作时间就不太会长，这时应根据职位要求分析其职业稳定性。不符合职位要求的，直接筛选掉。

② 查看应聘者工作时间的衔接性，作为简历筛选的参考依据。如应聘者在不同工作之间有较长空档期时，应做好记录，并在安排面试时提醒面试考官多关注应聘者在空档时间的情况。

（2）工作职位

不仅仅要看应聘者做了哪些事，还要特别关注其在工作期间担任的角色是什么，承担的责任有哪些。如主持项目和参与项目的责任不同，获得经验也不同。

对应聘者既往角色和职责的判断有两个关键词，如图2-17所示。

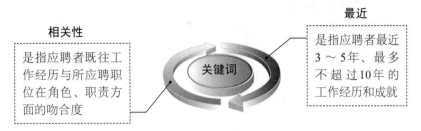

相关性
是指应聘者既往工作经历与所应聘职位在角色、职责方面的吻合度

关键词

最近
是指应聘者最近3～5年、最多不超过10年的工作经历和成就

图2-17　判断应聘者既往角色和职责的两个关键词

（3）工作背景

关注应聘者既往公司的规模、性质、知名度、行业排名，有助于判断该应聘者的工作经验、专业能力和文化适应性等。

比如，一个在外企工作多年的应聘者转到民营企业，可能存在"水土不服"问题。在日企、韩企、台企工作多年的应聘者，其工作风格多偏于严格、服从；在民企工作过的应聘者，其抗压能力和实操能力明显强于其他人，但可能缺乏高度和深度；而在欧美企业工作多年的应聘者，其专业度、职业精神更出色。

（4）工作内容

① 主要查看应聘者所学专业与工作的对口程度，如专业不对口，则须查看其工作时间的长短。

② 根据工作时间，评估应聘者在专业上的深度和广度。如应聘者短期内涉及的工作内容较深，则要考虑简历是否有虚假成分存在。在安排面试时应提醒面试考官将这部分工作内容作为重点来考察，特别是对细节方面的考察。

（5）工作成就

主要是考察应聘者既往的工作经验和成就是否与所应聘的职位有重叠，是否是企业所需要的。重叠较多时，意味着这位应聘者能够迅速进入角色，得心应手地投入工作，较快地满足职位描述的要求。

 小提示

结合以上内容，分析应聘者所述工作经历是否属实、有无虚假信息，分析求职者年龄与工作经历的比例，如可断定不符合实际情况的，直接筛选掉。

4.个人成绩的筛选

主要查看应聘者所述个人成绩是否真实，是否与职位要求相符，仅作为参考，不作为简历筛选的主要标准。

二、对主观描述的筛选

主观描述主要包括应聘者对自己的评价性与描述性内容，如自我评价、个人描述等。

HR主要查看应聘者自我评价或描述是否适度，是否属实，并找出这些描述与其工作经历相矛盾或不相符、不相称的地方。如判定应聘者的主观描述内容不属实，且有较多相互矛盾之处，可直接筛选掉。

三、进行简历匹配

简历匹配是整个简历筛选的核心。简历筛选的目的只有一个：发现和所招聘岗位相匹配的合格简历，然后进入下一阶段——面试。因此，简历匹配显得尤为重要。

1.直接匹配法

直接匹配法又称简单匹配法，是最常用，也是最简单的一种简历匹配方法。它是将招聘岗位的关键要素与应聘者工作经历和经验进行简单对比和匹配，能够完全对应匹配的，被认为是"合适"的应聘者。

直接匹配法的一个核心是确定所招聘岗位的关键要素。关键要素的确定取决于该岗位的岗位要求和公司对应聘者在该岗位实现功能和成就的期望。不同企业、不同岗位的关键要素不同。即使是同一企业，其不同岗位的关键要素也不相同。关键要素通常包括图2-18所示的内容。

图2-18　招聘岗位的关键要素

2.模糊匹配法

在招聘实践中，通常能够直接匹配岗位的简历并不多见，更多的是应聘者的经历中有些要素与招聘岗位的部分关键要素匹配。

模糊匹配法是通过分析应聘者工作经历、经验与关键要素的匹配量、匹配程度，以及应聘者具备的可转移技能，而进行相关性的模糊匹配的方法。只需绝大部分关键要素匹配，而且匹配度较高，一些不匹配或者部分不匹配的关键要素可以通过应聘者的"可转移技能"弥补。

第五节　精心组织面试

实践中，企业仅依据应聘者简历就决定聘用的情况不多。即使应聘者的出身、志向及履历等条件都无可挑剔，也必须对应聘者进行面试，这是招聘的大原则。

一、面试时间安排

面试最好安排在双方不受干扰的时间内进行，并在相对集中的时间内连续进行，一次完成。

比如，上午9点到11点，下午2点到4点，这两个时间段都比较合适，招聘者可以在空余的时间处理一些其他工作，应聘者根据距离远近选择上午或下午，在路上有充裕的时间，面试时候的状态也会相对好一些。

二、面试场地布置

① 面试场地应选择安静、不会被干扰、相对独立的空间。有些面试官喜欢选择自己的办公室作为面试的场所，但难免会受到意外的来电、工作等的干扰。因此，可选择一些小型的会议室作为面试的场所。

② 面试的环境应该舒适、适宜，利于营造宽松气氛。

 小提示

握手、微笑、简单的寒暄、轻松幽默的开场白、舒适的座位、适宜的光线和温度，以及没有令人心烦意乱的噪声，这些都有利于营造舒适、宽松的气氛。

三、面试资料准备

在面试开始前，面试官手中应有以下材料。

① 面试程序表。

② 应聘者资料。

③ 面试问题。

④ 面试评价表。

⑤ 注意事项清单。

四、面试问题设计

面试是个技术活，应该根据不同对象、不同目的设计不同的面试问题，这样才能提升应聘者的面试体验，真正考察应聘者与岗位的匹配度。常见的面试题型有表2-4所示的10种，每种题型都有其独特的特点和作用。

表2-4　常见的面试题型

序号	题型	目的	举例说明
1	导入性问题	缓解应聘者的紧张情绪，创造融洽的交流环境	您到这里需要多长时间？您住在哪里？我们这里还好找吧？
2	行为性问题	了解应聘者过去某种特定情境下的行为表现	您是如何成功地带领团队高效工作的？您是如何消除与同事间误会的？
3	智能性问题	考察应聘者的逻辑性与综合分析能力	您如何看待办公室政治？请问您对某某事（热门事件）有什么看法？
4	意愿性问题	考察应聘者的动机及其与岗位的匹配程度	某公司招聘市场人员，应聘者分为两类，一类选择高底薪低绩效的工作，另外一类选择低底薪高绩效的工作，您会选择哪一种呢？您喜欢跟强势的领导工作，还是喜欢跟温和的领导工作，为什么？
5	情境性问题	可根据具体岗位组合测试要素考察应聘者的组织能力	如果请您来组织面试您会如何组织？某日，总经理出差，您忽然接到税务局的通知，税务局要来进行税务稽查，此时您又联系不到总经理，您将如何处理这件事？
6	应变性问题	考察应聘者情绪稳定性与应变能力	领导开会发言时明显出错，您会如何纠正他？您的领导交给您一件根本无法完成的工作，请问您会如何处理这种情况？
7	投射性问题	降低题目的表面效度，尽可能地掩饰提问的真正目的。使用表面效度低的问题，让应聘者难以直接判断面试官真正要了解的内容	如果让你在工程师与公务员两个工作中进行选择，你会选择哪个？为什么？你如何评价原来的领导？他让你感觉很舒服的特点是什么？有哪些地方是你难以接受的？

序号	题型	目的	举例说明
8	细节性问题	考察应聘者的胜任力	若应聘者求职意向为车间主任，可问：开班有哪些注意事项？收班有哪些注意事项？你如何处理剩余原料？员工不愿意扫卫生你怎么办？
9	核实性问题	核实简历中的信息是否真实	如果应聘者在简历中爱好一栏里写爱好读书，踢足球。可问：你最近三个月内看过几本书？从这几本书里你学到了什么？欧洲杯最新战况如何？
10	操作性问题	测试动手操作能力	若招聘电器工程师或者质量管理员，可以带应聘者到工作现场进行实际的操作，以验证其技能水平

五、开展面试评估

面试评估，即面试官根据面试情况对应聘者的素质和能力作出判断，写出评估意见。面试评估作为面试决定前的一环，非常重要，将直接影响最终的面试决定。

1.面试评估的要素

面试评估的要素如表2-5所示。

表2-5　面试评估的要素

序号	要素	具体说明
1	仪表风度	这是指应聘者的体型、外貌、气色、衣着举止、精神状态等。研究表明，仪表端庄、衣着整洁、举止文明的人，一般做事有规律、注意自我约束、责任心强
2	专业知识	了解应聘者掌握专业知识的深度和广度，以及其掌握的专业知识是否符合所要招聘岗位的要求。作为对专业知识笔试的补充，面试对专业知识的考察更具灵活性和深度，所提问题也更接近空缺岗位对专业知识的要求
3	工作实践经验	一般根据应聘者的个人简历或求职登记表，做相关的提问，了解应聘者有关背景及过去工作的情况，以补充、证实其所具有的实践经验。通过对应聘者工作经历与实践经验的了解，还可以考察应聘者的责任感、主动性、思维能力、口头表达能力及遇事的理智状况等
4	口头表达能力	考察面试中应聘者是否能够将自己的思想、观点、意见或建议顺畅地用语言表达出来。考察的具体内容包括表达的逻辑性、准确性、感染力、音质、音色、音量、音调等

续表

序号	要素	具体说明
5	综合分析能力	考察应聘者是否能通过分析抓住主考官所提问题的本质，并且说理透彻、分析全面、条理清晰
6	反应能力与应变能力	主要看应聘者对主考官所提问题的理解是否准确贴切，回答的迅速性、准确性等。对于突发问题的反应是否机智敏捷，处理是否妥当等
7	人际交往能力	在面试中，通过询问应聘者经常参与哪些社团活动，喜欢同哪种类型的人打交道，在各种社交场合所扮演的角色，可以了解应聘者的人际交往倾向和与人相处的技巧
8	自我情绪控制能力	自我情绪控制能力对于许多职业（如企业的管理人员）尤为重要。一方面，要考察应聘者在遇到上级批评指责，工作有压力或是个人利益受到冲击时，是否能够克制、容忍、理智地对待，不因情绪波动而影响工作；另一方面要考察其工作是否有耐心和韧劲
9	工作态度	一是了解应聘者对过去学习、工作的态度；二是了解其对所应聘岗位的态度。如果应聘者在过去学习或工作中态度不认真，对做什么、做好做坏都无所谓，那么其在新的工作岗位也很难保证勤勤恳恳、认真负责
10	上进心、进取心	上进心、进取心强烈的人，一般都确立了事业上的奋斗目标，并为之积极努力，表现在努力把现有工作做好，不安于现状，工作中常有创新。上进心不强的人，一般都安于现状，无所事事，不求有功，但求能敷衍了事，因此对什么事都不热心
11	求职动机	了解应聘者为何希望来本单位工作，对哪类工作最感兴趣，在工作中追求什么，判断本单位所能提供的岗位或工作条件等能否满足应聘者工作要求和期望
12	业余兴趣爱好	了解应聘者休闲时间爱做哪些运动，喜欢阅读哪些书籍，以及喜欢什么样的电视节目，有什么样的嗜好等，这对录用后进行工作安排非常有好处

2.面试评估的原则

HR在面试评估过程中应坚持图2-19所示的几项原则。

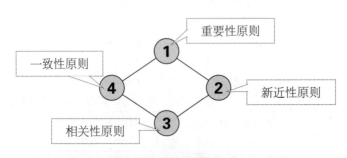

图2-19　面试评估原则

（1）重要性原则

HR在面试过程中会得到重要性各不相同的事例，应该选择重要的事例作为评估的对象。

比如，应聘者提供一个很好的实例来说明他（她）在分析思维方面的能力，但这个范例是在一个并不重要的情境下发生的；如果应聘者又给出另一个例子，暴露出其在关键时刻分析思维能力非常糟糕，面试官对这个应聘者的评分就应该以第二个实例为基础。

（2）新近性原则

新近性原则是指最近的行为更能说明将来的行为。

比如，一个应聘者给出几个十年前的消极行为实例，然而又提供了若干近期的积极行为实例，那么，面试官应该在评分时更偏向于最新的实例。即面试官的评分应该更多地以最新的实例为基础。

（3）相关性原则

相关性原则是指与应聘岗位相关的实例更加能说明将来的工作能力。

比如，如果一个应聘销售岗位的人详细描述了其在一次社会活动中的杰出创造性，但又提供了他以前在销售工作中创造性很差的例子。这时面试官就要多考虑以前那个与销售有关的例子，因为应聘者在之前销售工作中的行为表现与他现在应聘的岗位关系更密切。

（4）一致性原则

一致性原则是指应聘者所给出的实例是否前后一致，是否能证明实例的真实性。

【实战工具06】▶▶ -

面试评估表

面试人姓名			面试日期			
性别		年龄		学历		
应聘岗位		户籍地（省份）		专业		
考核内容		很好	好	较好	一般	不满意
1.合作能力						
2.工作经验						
3.工作技术水平						
4.学历及培训						

考核内容	很好	好	较好	一般	不满意
5.沟通技巧					
6.语言表达能力					
7.领导能力（只适用管理人员）					
8.其他工作技术					
人力资源部意见： 是否进入下一轮面试：是□ 否□　　　　面试人：　　　　日期：					
用人部门意见： 是否录用：是□ 否□　　　　面试人：　　　　日期：					
建议职位：＿＿＿＿＿＿＿，试用期薪资：＿＿＿＿＿＿＿。					

第六节　人才录用

对于已经决定录用的应聘者，应进行相应的入职审查和背景调查，并与当事人就企业的薪酬待遇进行沟通后，才能发放录用通知。

一、做出录用决策

录用决策是指对甄选评估过程中产生的信息进行综合评价与分析，确定每一个应聘者的素质和能力特点，根据预先设计的人员录用标准进行挑选，选出最合适的人员的过程。

录用决策一般由人力资源管理部门具体负责，人力资源部门经理提供经过筛选的应聘者名单，由用人部门主管作出最终决策。没有人力资源管理部门的小型企业，直接由用人部门的主管独立完成整个录用过程。具体来说，录用决策的程序如图2-20所示。

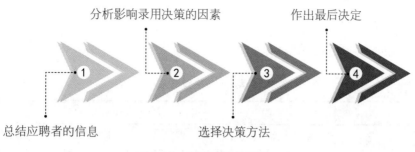

图2-20　录用决策的程序

1.总结应聘者的信息

根据企业发展和职位的需要，评价小组在总结应聘者信息时应把注意力集中在"能做"与"愿做"两个方面，具体如图2-21所示。

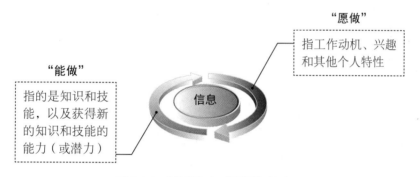

图2-21　"能做"与"愿做"的定义

2.分析影响录用决策的因素

影响录用决策的因素主要如图2-22所示。

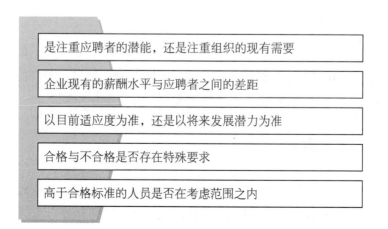

图2-22　影响录用决策的因素

3. 选择决策方法

常用的决策方法如表2-6所示。

表2-6　决策方法

序号	决策方法	具体说明
1	诊断法	该方法简单，成本较低，但主观性强。主要是决策者根据对岗位及其任职资格的了解，在分析应聘者所有资料的基础上，凭主观印象做出决策
2	统计法	该方法对指标体系的设计要求较高，比用诊断法作出的决定客观，首先要区分评价指标的重要性，赋予权重，然后将各项评分的结果用统计方法进行加权运算，总分高者即可被录用。统计法可采用以下三种不同的模式。 （1）补偿模式——某些指标的高分可以弥补另一些指标的低分 （2）多切点模式——要求应聘者达到所有指标的最低程度 （3）跨栏模式——只有在每次测试中获得通过才能进入下个阶段的筛选和评估

 小提示

应用统计法时应注意：第一，事先应形成统一的评价标准；第二，当HR与用人部门在录用人选上出现意见分歧时，HR应尊重用人部门的意见；第三，要选择合适的而非优秀的；第四，要留有后备人选。

4. 做出最后决定

让最有潜力的应聘者进入诊断性面试，最后由用人部门主管（或专家小组）作出最后决定，并反馈给人力资源管理部门。人力资源管理部门通知应聘者有关录用决定，办理各种录用手续。

在做录用决定时，可以通过比较不同应聘者之间的优劣，也可以通过比较应聘者与招聘标准之间的符合程度来做出决定。决策者既要全面衡量应聘者的各个方面，又不能吹毛求疵，而且还要做好应聘者的背景调查，降低企业的风险。

二、入职背景调查

入职背景调查是指从应聘者提供的证明人或以前工作的单位那里搜集资料，来核实应聘者个人资料的方法，是一种能直接证明应聘者情况的有效方法。

入职背景调查的内容主要包括图2-23所示的五大类。

图2-23 入职背景调查的主要内容

其中，身份识别指核实应聘者身份的真伪；工作经历调查包括调查应聘者工作经历是否真实，是否正常离职、是否与原单位解除劳动合同，以及应聘者具体工作表现等；数据库调查指通过各种权威的信息库来查找应聘者被公开的一些负面信息；教育背景调查是指通过查询候选人的学历信息、成绩单等资料，确认候选人的教育背景和学业成绩；犯罪记录查询是指通过查询候选人是否有犯罪记录，确保候选人没有做过违法犯罪的事。

在同一个企业中，对不同岗位所进行的背景调查的范围和深度是不一样的。企业人力资源部可以根据岗位重要性将应聘者划分成几档，以此决定对不同应聘者进行调查的范围和深度。

① 最基层的员工可以只做身份识别和犯罪记录调查，比如一线的操作工人、保安、保洁人员等。

② 初级专业职位如文员、助理一类，需要加上教育背景和工作经历调查，教育背景只需核实最高学位，工作经历只需了解最近一两段工作经历，确认工作起始时间和是否正常离职即可，不需要了解详细的工作绩效。

③ 高级专业职位，包括核心技术人员、高层管理者，则需要全面彻底的调查，包括各种专业资格证书的核实、海外经历核实，是否陷入法律纠纷，是否在媒体中有负面报道，在原单位的详细工作表现和真实的离职原因。另外，还要进行更长时间范围内的工作经历核实，一般最长可以追溯到候选人10年以前的工作经历。教育背景也要核实从本科开始所取得的所有学位。

④ 对于一些特殊性质的职位，例如法务、财务相关工作，无论职位高低，都要进行最全面严谨的调查。

背景调查完成后，要统一填写背景调查表，报领导审查，确定最终是否录用，并作为员工的历史资料，由人力资源部门负责入档。表格填写时应注意：要填写完整、准确，不得漏项，记录在调查过程中了解到的一切信息；填写调查结果时，应涵盖调查的内容，应显示背景调查对象的职务，以便对其提供信息的可信度做出判断。

🔍【实战工具07】▸▸ --

背景调查表

应聘者姓名		应聘岗位		面试时间	
调查单位1					
提供信息人1	与应聘者关系		□上级　□下级　□平级　□其他_____		
	姓名		所在部门	所在职位	联系方式
应聘者信息	任职时间			任职岗位	
	工作评价			有无不良记录或纠纷	
				薪资水平	
	离职原因	□公司辞退（原因：）　　□个人辞职（原因：）			
调查单位2					
提供信息人2	与应聘者关系		□上级　□下级　□平级　□其他_____		
	姓名		所在部门	所在职位	联系方式
应聘者信息	任职时间			任职岗位	
	工作评价			有无不良记录或纠纷	
				薪资水平	
	离职原因	□公司辞退（原因：）　　□个人辞职（原因：）			
调查单位3					
提供信息人3	与应聘者关系		□上级　□下级　□平级　□其他_____		
	姓名		所在部门	所在职位	联系方式
应聘者信息	任职时间			任职岗位	
	工作评价			有无不良记录或纠纷	
				薪资水平	
	离职原因	□公司辞退（原因：）　　□个人辞职（原因：）			
调查小结					
调查结果	□属实　□不属实				
调查日期		调查部门		调查人	

三、薪酬福利沟通

薪酬谈判是招聘的临门一脚，是决定招聘成败的关键之举，更是企业和应聘者之间的心理博弈与较量，只有在谈判的时候准确把握对方的心理，以"读心"代替"谈薪"，才能使招聘变得事半功倍。

1.已离职应聘者的定薪策略

一般情况下，已离职的应聘者，因为工作选择余地偏小，并且有着较大的时间与经济压力，其求职目标更倾向于"保级"，对薪酬的心理预期与前一工作的薪酬差不多。因此，定薪策略为：比原薪酬略低、持平或略高，具体按原薪酬的-10% ～ 10%即可。至于在这个薪酬区间内选择哪个数值，可以根据一个外在性的指标——应聘者可选择的空间来确定，若应聘者可选择空间较大则薪酬可适当上浮一些，选择空间较小则薪酬适当下调一些。而应聘者可选择的空间，可以根据应聘者的求职能力、市场的同类职位招聘状况（机会多少）、应聘者求职的时间紧迫性等来确定。

2.在职应聘者的定薪策略

在职的应聘者，因为其有着更多的可选择性，进可攻、退可守，也没有时间的压力，其求职目标更倾向于"晋级"，其预期的薪酬要明显高于目前工作。因此，定薪策略为：与原薪酬持平、略高或明显高于，具体按原薪酬的"0% ～ 30%"即可，特殊情况还可适当上浮。

四、入职体检审查

员工身体健康是公司最大的财富，也是公司得以稳定发展的保证，为确保应聘者身体健康符合岗位的要求，公司应规定应聘者必须进行体检并向人力资源部提交报告进行存档。

1.体检指标的设置应符合法律规定

用人单位可以了解应聘者身体情况，但不得以体检不合格为由拒绝录用，且体检指标的设置应当符合法律规定。

根据《劳动合同法》第八条有关规定，用人单位有权了解劳动者与劳动合同直接相关的基本情况，劳动者应当如实说明。因此，用人单位通过体检报告了解应聘者身体情况有相应法律依据。用人单位应当对体检信息有保密义务，而且对于部分体检事项，除非应聘者同意，否则不得强行要求其检查，更不得以应聘者患某些疾病作为不录用的理由。

健康条件、体检标准并非用人单位可随意设置，用人单位对录用应聘者的设定的健康条件或体检标准，不得违反法律法规的规定。

2.体检不合格用工风险防范

有些企业在用工过程中，经常出现发出录用通知书，告知应聘者已被录用，在应聘者入职报到时，才要求应聘者参加入职体检的情况。如果体检结果不符合用人单位预期，用人单位往往以体检结果不符合要求为由中止办理入职手续，甚至有些应聘者已经进入岗前培训或已上岗，仍被通知不录用。

在已经发出录用通知书的前提下，用人单位能否以应聘者体检不合格为由不予录用呢？很显然，不能这样操作。录用通知书是用人单位向拟录用的应聘者发出的要约，其目的是与应聘者签订劳动合同、建立劳动关系，录用通知书一经送达，即对用人单位产生法律约束力。录用通知书虽属要约，但是应聘者一旦承诺，则产生《中华人民共和国合同法》上所规定的合同缔约效果，录用通知书的内容即对双方都产生法律约束力。

因此，在应聘者已经接受用人单位条件并按期报到的情况下，用人单位不能表示相反的意愿，只能与应聘者签订合同并建立劳动关系，否则要承担违法后果。即使劳动者存在某些疾病，用人单位也不得拒绝，只能在建立劳动关系后，根据《劳动合同法》有关规定进行处理。由此可知，在发出录用通知书后再通知应聘者进行入职体检的做法存在法律风险。

正确的做法是将体检环节提前到面试考核程序后，发出录用通知书前，再根据体检结果确定最终录用名单，而不是在看到体检报告之前就发出录用通知书。同时可在录用通知书上增加"如体检不合格者，本公司不予录用"条款，但不得违反《就业促进法》等有关就业歧视的规定。

 小提示

入职体检是面试后、入职前不可缺少的一个环节。"恭喜你，你被我司录用！"这句话务必等到收到体检报告并确定没有问题的情况下才能说出。

五、发放录用通知书

如今，企业向被录用者发出录用通知书已经成了招聘的常规流程，被录用者一般在收到录用通知书之后到企业办理入职并签订劳动合同。

1. 录用通知书包含的内容

一份完整的录用通知书一般包括以下几项内容。

① 职位基本信息：如职位名称、所在部门、职位等级等内容。

② 薪资福利情况：如试用期规定、具体薪资构成（基本工资、绩效工资、年终奖等），试用期薪资、福利状况等。

③ 报到事宜：如具体联系方式，报到时间、地点，以及需要带的资料等。

④ 其他说明：如回复录用通知书的形式、公司的培训、发展等补充说明。

 小提示

关键录用条件、薪酬待遇等条款要清楚无歧义，不允许出现模棱两可的情况，否则就是人力资源部失责。

下面是一份录用通知书的范本，仅供参考。

范本

录用通知书

尊敬的_____先生/女士：

您好！很高兴地通知您，根据您在应聘过程中的出色表现，公司经过慎重评估及审核，决定正式录用您。我们真诚地欢迎您的加入！

以下是具体事宜。

一、入职部门：_____。

二、入职岗位：_____。

三、工作地点：_____。

四、劳动关系

拟与您签订劳动合同____年，试用期____个月（可根据试用期表现申请提前转正），从合同签约之日算起。

五、薪资情况

1.试用期税前薪资_____元/月。

2.合同期税前薪资_____元/月。

3.年终奖根据当年公司营业情况，最少为____个月基本工资。

六、报到情况

1.报到时间：＿＿＿年＿＿＿月＿＿＿日（星期＿＿＿）＿＿＿点。

2.报到地点：＿＿＿＿＿＿＿＿＿＿＿＿＿＿＿＿＿＿。

3.报到联系人：＿＿＿＿＿＿＿，联系电话：＿＿＿＿＿＿＿＿＿＿＿＿。

4.报到需携带证件

A.身份证原件与复印件各一份。

B.毕业证原件与学位证原件。

C.与原单位解除劳动关系证明。

D.1寸彩色免冠照片2张。

E.××银行卡及复印件。

七、其他事项

1.在收到本录用通知书后，如接受聘用，请于＿＿＿年＿＿＿月＿＿＿日前拨打报到联系人电话回复确认接受本通知；如未在指定时间内回复，则视为自动放弃。

2.根据本公司管理制度有关规定，持不实证件者，公司有权无责任解除劳动关系。

2.录用通知书发出的形式

录用通知书作为一种正式的要约，一般要求以书面并加盖企业公章（或人力资源部门公章）的形式发出。正规的公司，特别是一些外资企业，大多会以正式信函的方式发出录用通知书，国内也有一些企业通过邮件发送录用通知。

 小提示

应聘者一旦收到了录用通知，按照要求予以回复（邮件答复，或签字回传等），就代表认可并接受该录用通知。

第三章

员工培训管理

员工培训管理是企业人力资源管理的重要组成部分和关键职能之一，从某种意义上说，它是提升企业核心竞争力，增强企业竞争优势的重要途径。尤其是在全球化、高质量、高效率的工作环境中，培训管理显得更为重要。

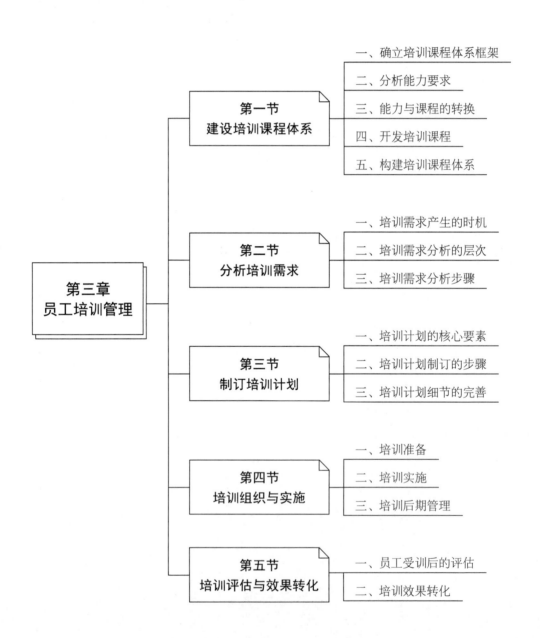

第一节
建设培训课程体系
　　一、确立培训课程体系框架
　　二、分析能力要求
　　三、能力与课程的转换
　　四、开发培训课程
　　五、构建培训课程体系

第二节
分析培训需求
　　一、培训需求产生的时机
　　二、培训需求分析的层次
　　三、培训需求分析步骤

第三章
员工培训管理

第三节
制订培训计划
　　一、培训计划的核心要素
　　二、培训计划制订的步骤
　　三、培训计划细节的完善

第四节
培训组织与实施
　　一、培训准备
　　二、培训实施
　　三、培训后期管理

第五节
培训评估与效果转化
　　一、员工受训后的评估
　　二、培训效果转化

第一节　建设培训课程体系

培训课程体系是由一系列具有内在逻辑性和一定关联度的培训课程相互作用、相互联系而形成的有机整体。企业培训课程体系建设是在挖掘企业培训需求的基础上，实现从培训需求到培训课程的转换。

一、确立培训课程体系框架

根据企业的职位族，初步构建企业的培训课程体系框架，从而为构建培训课程体系指明方向。

1.划分职位族

划分职位族就是把具有相同工作性质和相似能力要求的不同职位组成一个集合。

首先，以企业的发展战略为导向，通过分析企业价值流程、企业核心业务流程，以及相应职位所需要的素质要求，将企业所有职位划分为不同的职位族。通常把职位分为经营管理类、专业技术类和技能操作类。

其次，根据企业对员工的价值判断和职位任职素质要求，将不同的职位族类划分为不同的职位层级。通常把职位划分为初级、中级和高级。

2.组建培训课程体系框架

根据职位族的划分结果，将三个职位类型、三个职位层级进行组合，就构成了企业二维培训课程体系框架，如图3-1所示。

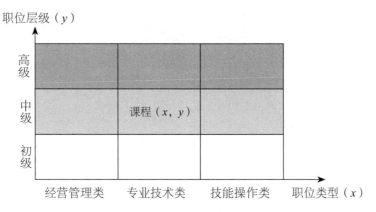

图3-1　企业二维培训课程体系框架

二、分析能力要求

根据组织、部门和岗位三个层面的信息与资料，分解每个岗位的职责、任务和运作流程等内容，解析和提炼胜任岗位需要具备的素质、知识和能力。

1.识别能力项目

根据企业的发展战略，结合员工职业生涯发展规划的要求，以岗位需求或者胜任能力模型为基础，收集和整理岗位信息，从知识、技能技巧、态度等方面，将岗位信息转化为胜任本岗位应具备的能力要素。在识别能力要素时，既不能漏项，又要高度概括，从整体上满足岗位的要求。

以经营管理人员为例，根据公司战略需求和经营管理人员的胜任能力模型，经营管理人员应具备职业素养、通用能力和专业能力三类能力项目。其中，职业素养包括忠于企业、责任心强、廉洁自律、战略思维能力、学习能力、创新能力、沟通能力、执行能力、协作协调能力、对外交往能力10项能力要素。通用能力是指经营管理人员需要掌握的基本知识和技能，如与政策法规有关的知识、基本的管理知识等。专业能力是指胜任本职岗位工作所应具备的能力。

2.剖析行为要点

剖析行为要点是指从工作步骤、必备知识、所需工具设备、特殊技巧、工作态度、安全事项和防护措施等方面，把本岗位所需要的每项能力要素逐一分解为若干行为表现。在剖析行为要点时，不仅要遵循能力项目的要求，还要准确表述每个能力项目所表现的典型行为，并将这些行为按照工作程序和先易后难的顺序排列。

下面以经营管理人员的两个能力项目为例，剖析其行为要点，具体如表3-1所示。

表3-1　经营管理人员的行为要点剖析示例

序号	能力项目	行为要点
1	忠于企业：认同企业的目标，关注企业的成败与发展，将实现企业目标作为个人价值的体现，具有全局观念和奉献精神	（1）理解使命。能够理解企业使命和积极支持企业目标的实现，自觉努力工作 （2）实现目标。能够发挥自己的优势与他人有效合作，以求实现企业长远的目标 （3）服从全局。将企业的利益作为行动的准则，服从全局利益 （4）承担压力。敢于承受风险和压力，只要有利于企业发展，即使遇到困难或暂时不被大多数人接受，也能坚持

序号	能力项目	行为要点
2	责任心强：对工作有责任感、有激情、认真负责、全力以赴	（1）服从安排。服从组织安排，对待工作认真负责 （2）工作规范。有良好的职业道德，能严格按照标准规范和企业的规章制度做好每件事 （3）精益求精。对工作有激情，以饱满的热情和严谨的态度，兢兢业业地工作 （4）开拓进取。能以开拓精神，努力完成技术含量高、难度大的工作

3.划分能力层级

由于不同层级的人员在能力项目上存在差异，因此我们根据不同层级人员在岗位要求和工作重点上的差异，逐一划分初级、中级和高级三个层级人员应具备的行为要点，并对行为要点进行分级，使得不同层级人员的能力呈现连续性和递进性，具体示例如表3-2所示。

表3-2　某公司各层级经营管理人员的能力层级示例

能力项目	行为要点				职位层级		
	1级	2级	3级	4级	初级	中级	高级
忠诚企业	理解使命	实现目标	服从全局	承担压力	1～2	3	4
责任心	服从安排	工作规范	精益求精	开拓进取	1～2	3	4

三、能力与课程的转换

培训课程体系建设的关键在于有效地实现能力与课程的转换，也就是要立足于能力要求分析，将能力项目转换为课程，落实具体教学内容。

首先，我们按照岗位层级的划分，整理和分析每个层级每个岗位人员应具备的能力项目和行为要点，并保证没有缺失。

然后，根据行为要点的描述内容和关键点，进行梳理和分类，形成课程名称。

最后，根据岗位的需要，对培训课程进行排序。

这里需注意，形成的培训课程内容必须覆盖每个岗位每个层级人员所应该具备的所有能力项目和行为要点，不能遗漏；行为要点和课程之间的转换要准确，同一岗位不同层级之间的课程要具有衔接性和递进性，具体示例如表3-3所示。

表3-3　初级经营管理人员课程转换示例

能力项目	行为要点	课程
忠诚企业	（1）理解使命 （2）实现目标	（1）企业愿景 （2）企业文化建设 （3）企业基本规章制度
责任心	（1）服从安排 （2）工作规范	（4）态度决定一切 （5）员工的专业形象和行为规范 （6）情况管理

四、开发培训课程

开发者根据培训课程的组成要素，按照能力项目中行为要点的要求，依据所涉及内容的属性和逻辑顺序，开发培训课程。整个培训课程按照所涉及内容进行排序，即基础性内容在前，专业性内容在后；按照所涉及的业务流程的先后，即涉及业务流程在先的课程在前，涉及业务流程在后的课程在后；按照涉及工作的综合程度高低，则专项性的在前，综合性的在后。

开发培训课程具体包括图3-2所示的四个环节。

图3-2　开发培训课程的环节

1.确定培训对象和课程类别

一是明确为谁开发培训课程，他们属于企业中哪一个层级，哪一个岗位；二是明确岗位职责内容，以及履行岗位职责需要的能力；三是明确此课程属于职业知识类课程还是技能类课程。

2.确定培训课程目标

培训课程目标是对员工经过培训后应当达到的标准的概括说明，它指明了培训的方向和要达到的最终效果。课程目标要满足能力项目集合的要求，在培训上具有可操作性。可根据每门科目所对应的能力，确定若干项课程目标，每项课程目标具有相对独立性，以便根据课程目标设置相应的模块。

一般的认知行为目标常用"了解""熟悉""掌握"等来表述，较高级的认知行为目标常用"分析""应用""评价"等来表述，技能操作目标常用"能""会""熟练"

等来表述。

3.开发课程内容

培训课程内容是由实现培训课程目标所需的相关知识、技能、行为规范、价值观念、职业素养等构成。开发课程内容就是根据相应培训标准要求，寻找和确定能够实现培训目标的培训内容，并进行科学选择和合理组织。

知识类课程不仅要充分体现"必备""够用"，还要关注员工对所学内容的理解和掌握，以及对所学知识的运用。

技能类课程不仅要制定分阶段的目标和实施步骤，还要重视案例和模拟环境下的实际训练项目，使学员在实际训练中获得处理各种复杂问题的思维、方法和行动方案。培训课程的内容应以"能"和"会"为中心。

 小提示

在选择培训课程内容时要注重顺序性和连续性、整合性和关联性。培训课程内容从整体上看应是统一完整的，且各部分内容有机结合、紧密衔接。同时，要注重均衡性，课程内容要分配得当，各自占有合理的比重。

4.选择培训方法

选择什么样的培训方法取决于培训内容，不同的培训方法效果迥异，要视情况选择适合的培训方法。

五、构建培训课程体系

通过对已开发的各类课程进行结构化整合，形成培训课程体系，具体内容如下。

1.设计培训实施方案

根据培训对象的职位层级，编制包含培训目标、培训内容、培训周期、培训计划安排等要素的培训实施方案，从而确保培训活动得到有效组织、实施和落实。

2.构建培养链

以职位族为主线，按照培训梯次，将各阶段培训实施方案进行排列，构建一个符合员工职业生涯成长的培养链。

3.完善培训课程体系

通过对培养链的整合、更新和动态管理，逐步构建和完善企业的培训课程体系。在建设企业的培训课程体系时，要承担起对员工进行岗位能力培养的任务，形成具有动态性和系统性的知识和技能结构体系，以及符合企业发展要求和员工教育特点的科学课程体系，以确保培训目标的实现。

第二节　分析培训需求

分析培训需求是培训活动开展的首要环节，是制订培训计划、设计培训方案、实施培训活动和评估培训效果的基础。因此，正确的培训需求分析十分重要，如果这一步被忽略了或出了差错，随后进行的所有的工作都可能是错误的，至少效果会大打折扣。

一、培训需求产生的时机

培训开发人员应当注意培训需求产生的时机，充分保持对培训需求的敏感性。培训需求产生的时机包括但不限于表3-4所示的内容。

表3-4　培训需求的产生时机

序号	时机	说明
1	在进行业务变革时	由于竞争的压力，公司需要对相关业务进行变革，当制定新的组织战略和业务战略，采取新的业务模式时，公司会对员工所具备的知识、技能和态度提出新的要求
2	年初设定员工绩效目标时	每年的绩效目标要求，以及与上一年度的绩效差距会产生新的培训需求
3	引入新的流程、系统或标准时	新的流程、系统或标准必然对员工的工作方式产生较大的影响，通过培训可以让员工适应新的变化
4	服务品质未达标准时	员工的素质直接影响了服务品质，服务品质较差可能是因为员工的素质问题
5	开发新的产品、服务时	新的产品、服务的出现，必然要求相关员工掌握其操作流程

续表

序号	时机	说明
6	有新员工加入时	新员工在知识、技能和态度等方面和现有岗位要求必然存在某些差距
7	员工将要晋升或换岗时	员工即将就职的岗位对知识、技能和态度有新的要求
8	员工流动率高时	员工流失的主要原因之一是缺少培训和发展机会
9	员工士气低落时	在进行员工年度满意度调查之后，如果员工满意度较低，即需要进行培训
10	新的法律法规出台或法律法规发生变化时	相关法律法规的变化必然对业务产生影响，进而影响员工的工作内容

二、培训需求分析的层次

　　培训需求分析涉及三个层次，分别是组织分析、任务分析和人员分析。这种分析结构有助于我们从不同角度了解组织及其工作人员现在和未来的培训需要。这三个层次的需求分析反映了组织中不同侧面的需求，如表3-5所示。

表3-5　培训需求分析的三个层次

培训需求分析的层次	需求分析的内容
组织分析	（1）组织战略是什么？对培训工作有何要求 （2）组织文化和组织氛围对培训的支持程度 （3）培训资源，以及实施培训的环境和条件如何
任务分析	（1）有效地完成某项工作，达到绩效标准需要掌握哪些知识 （2）有效地完成某项工作，达到绩效标准需要具备哪些技能 （3）有效地完成某项工作，达到绩效标准需要具备哪些态度
人员分析	（1）员工所具备的知识技能与目标有何差距 （2）哪些人需要接受培训，需要接受哪些培训

1.组织分析

　　组织分析是指通过对组织目标、资源、环境等因素的分析，准确找出组织存在的问题，并确定培训是否是解决这些问题最有效方法的过程。组织分析是任务分析和人员分析的前提，其主要目的是在收集与分析组织绩效的基础上，确认绩效问题及其原因，寻找可能解决的办法，为人力资源部的培训部门提供参考。组织分析的步骤如图3-3所示。

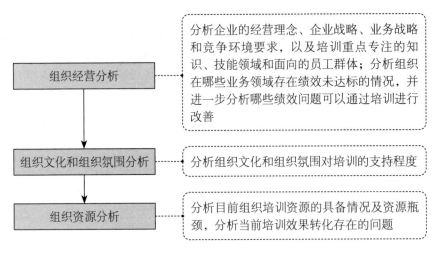

图3-3　组织分析的步骤

 小提示

　　组织分析可以通过面谈、调研的方式进行，可运用的工具有组织分析项目表、组织氛围调查表。

2.任务分析

　　任务分析是指系统地收集关于某项工作或工作族信息的方法，其目的是明确达到最优绩效的方式，确定重点的工作任务，以及从事该项工作的员工需要学习的内容。

　　（1）任务分析的步骤

　　一般说来，任务分析分为如图3-4所示的四个步骤。

第一步	参阅相关文件，如现有的岗位说明书等，了解岗位的工作内容和任职资格
第二步	挑选目标岗位中比较优秀的员工，对其进行访谈，进一步明确岗位的工作职责，以及工作职责对知识、技能、态度的要求
第三步	根据第二步的访谈结果，设计工作分析问卷，进行问卷调查，问卷包含封闭式的部分和开放式的部分
第四步	对收回的问卷进行统计分析，确定目标岗位对知识、技能、态度的要求，并指出哪些知识、技能、态度等是可以通过培训得到改进的，对这些培训的优先次序进行排列

图3-4　任务分析的步骤

（2）任务分析的信息来源

任务分析的信息来源如表3-6所示。

表3-6　任务分析的信息来源

序号	来源	说明
1	工作说明书	描述此项工作的典型职责，有助于明确绩效标准
2	岗位任职资格	列举出工作的特定任务，并明确任职者需要具备的知识、技术、能力及其他素质特征
3	绩效标准	明确工作目标及其衡量标准
4	观察、抽样	了解工作的实际情况
5	查阅相关文献（其他企业的研究、专业期刊、文件、政府资料、论文等）	有助于分析和比较不同的工作类型，但是有可能出现无法与实际、特定组织环境或绩效标准进行比较的情况
6	访谈（任职者、主管人员、高层管理者）	通过向组织成员询问和工作有关的问题来充分了解培训需求
7	培训委员会或专题讨论会议	可以提供一些关于培训需求的看法与要求
8	分析工作中出现的问题	明确工作中存在的影响工作绩效的内部因素和外在环境因素

3.人员分析

人员分析是指根据任务分析形成的目标岗位所需的知识、技能、态度等要素，分析衡量任职者对这些要素的掌握情况，进而确认任职者所具备的知识、技能、态度和岗位标准的差距。

（1）人员分析步骤

人员分析可采取如图3-5所示的步骤。

第一步　在年初设定员工绩效目标时，培训部门可以先向员工发放胜任素质评估表，让员工对自己的知识、技能、态度进行自我评估，然后管理者再对员工进行评估，最后双方一起讨论，以确认员工个人的培训需求

第二步　培训部门下发培训需求调查表，员工根据自身情况进行填写，由部门负责人汇总本部门的员工培训需求

图3-5　人员分析步骤

（2）人员分析信息来源

人员分析信息来源如表3-7所示。

表3-7 人员分析信息来源

序号	信息来源	说明
1	绩效评估结果及能够反映一定问题的历史数据（生产率、缺勤或迟到次数、事故率、请假次数、交货延迟率、产品质量、停工期、设备利用率、客户投诉次数等）	从这些信息中可以看出员工在工作中的优缺点及有待改进的地方，同时也可以看出绩效差距。这些信息容易量化，便于分析，对确定培训的内容和培训类型很有帮助
2	观察工作样本	这种方法比较主观，不仅能观察员工的行为，还能了解行为的结果
3	访谈	通过对员工进行访谈，不仅可以了解他们的想法，还可以让他们参与到需求分析中来，从而增强他们学习的动机
4	问卷调查	编制问卷时可以根据组织的具体情况进行灵活的安排
5	测验（工作知识、技能、成就）	可以使用自行编制的测验或标准化的测验。需要注意的是，要确保测验的内容与工作有关
6	态度调查	针对员工进行关于士气、能力水平和满意度的调查
7	评定量表	必须确保对员工的评定是客观的，是有一定信度和效度的
8	关键事件	可观察到的、使工作成功或失败的关键行为表现
9	工作日志	员工对自己工作的详细记录
10	情景模拟（角色扮演、个案研究、无领导小组讨论、培训会议、商业游戏）	某些知识、技能和态度可以在一些人为设置的情境中表现出来
11	诊断量表	对诊断量表进行因素分析
12	评价中心	将上面提到的某些技术整合成一个综合性的评价方案
13	辅导	类似于一对一的访谈
14	目标管理或工作述职系统	根据组织规定和个人承诺，定期进行绩效评估，这样可以将实际的绩效水平与理想标准进行比较。这种绩效和潜能评价体系对实现组织大的目标非常关键

三、培训需求分析步骤

1.前期准备工作

在进行培训需求分析之前，培训部经理要做一些准备工作，为下一步的具体分析工作打好基础。

（1）收集员工资料，建立员工培训资料库

员工资料应当包括培训档案、员工的人事变动情况、绩效考核资料、个人职业生涯规划及其他相关资料等。员工培训资料库为查找员工的背景资料提供了方便，为分析员工的个人培训需求提供了材料。

（2）及时掌握员工的现状

相较于其他部门，培训部更像是提供服务的部门。培训部经理应当把培训对象看作是服务对象，及时掌握培训对象的动态，只有这样才能更准确、及时地提供有效的培训。因此，培训部经理要和其他部门保持密切联系，及时更新和补充员工培训资料。

（3）建立收集培训需求信息的渠道

为了及时掌握员工的培训需求，必须建立起畅通有效的培训信息交流渠道。例如，可以通过建立培训信箱、培训信息公告牌等与其他部门及员工交流培训信息。如果条件允许，也可以利用公司内部网络搭建培训信息交流平台，这样更方便快捷。

2.制订培训需求分析计划

在正式开展培训需求分析之前，培训部经理有必要制订培训需求分析计划。该计划主要包括图3-6所示三个方面的内容。

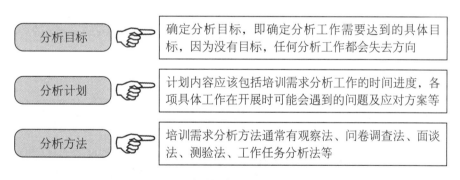

图3-6 培训需求分析计划的内容

3.实施培训需求分析计划

培训需求分析工作要按照事先制订好的工作计划依次展开，但也要根据实际工作情况随时对计划进行调整。若计划实施过程中遇到较大的阻力或偏离计划目标，要及时调整计划。

（1）征求培训需求

培训部经理向各有关部门征求培训需求。

（2）汇总培训需求

培训部经理将收集来的各类需求信息进行整理汇总，并填入公司培训需求分析汇总表。

（3）分析培训需求

培训需求分析的内容主要包括图3-7所示三个方面。

1 分析员工的现状，包括其在组织中的位置，是否受过培训，受过什么培训，以及培训的形式等

2 分析员工存在的问题及问题产生的原因

3 分析员工的期望和真实想法，包括员工期望接受的培训内容和希望达到的培训效果，然后向员工核实，以确认培训需求

图3-7　培训需求分析的内容

（4）排列培训需求

通过对各类培训需求加以分析，培训部经理参考有关部门的意见，根据重要程度和迫切程度对培训需求进行排序，为制订培训计划奠定基础。

4.撰写培训需求分析报告

培训需求分析报告是培训需求分析工作成果的表现。其目的在于对各部门申报汇总的培训需求作出解释，并最终确定是否需要培训和培训内容。因此，培训需求分析报告是确定培训目标、制订培训计划的前提和重要依据。

培训需求分析报告的主要内容如表3-8所示。

表3-8　培训需求分析报告的内容

序号	项目	内容
1	报告提要	简明扼要地介绍报告的主要内容
2	实施背景	（1）阐明培训需求产生的原因 （2）阐明培训需求的意向
3	目的和性质	（1）说明培训需求分析的目的 （2）说明以前是否有类似的培训需求分析 （3）说明以前的培训需求分析的缺陷和失误
4	实施方法和过程	（1）介绍培训需求分析所使用的方法 （2）介绍培训需求分析的实施过程
5	分析结果	阐明通过培训需求分析得到了什么结论

续表

序号	项目	内容
6	分析结果的解释、评论	（1）论述培训的理由 （2）可以采取哪些措施改进培训 （3）培训方案的经济性 （4）培训是否充分满足了需求 （5）提供参考意见
7	附录	分析中用到的图表、资料等

备注：以上项目，在实际报告中并不需要完全具备，可以根据公司实际情况予以修改完善。

第三节　制订培训计划

培训计划是从公司组织战略出发，在全面、客观分析的基础上对培训时间（When）、培训地点（Where）、培训讲师（Who）、培训对象（Whom）、培训方式（How）和培训内容（What）等做出的预先设定。一个科学完整的培训计划能够使培训取得事半功倍的效果。

一、培训计划的核心要素

一份完善的培训计划应包含图3-8所示的核心要素。

图3-8　培训计划的核心要素

1.培训目标

培训目标是考核培训效果的标准。其分为总体培训目标和单项培训目标。培训目标要满足以下几个方面的要求。

① 适应公司行业发展。

② 公司发展战略对人力资源开发与培训的要求。

③ 公司各职能部门的培训需求。

④ 公司员工、管理者适应新岗位和新职位的需求。

⑤ 公司安全经营要求。

⑥ 员工个人发展需求。

2.培训内容

培训部门应针对不同部门、不同岗位、不同层次的工作人员，分别设计不同的培训内容，使培训内容具有较强的实用性。

3.培训对象

准确选择培训对象，区分主要培训对象和次要培训对象，有助于加强培训的目的性，增强培训效果，控制培训成本。

4.培训规模

培训规模受很多因素的影响，如公司的规模、培训力量的强弱、培训场所的大小等。具体培训规模应根据公司实际情况确定。

培训方式是决定培训规模的一个重要因素。例如，使用讲授、讨论、个案研究、角色扮演等方式进行培训，则要求培训规模适中。

5.培训场所

培训场所要根据受训人数、培训内容和培训方式等来确定。要及时将确定好的培训场所通知受训者和培训讲师。

6.培训时间

一期培训的时间从几十分钟到数周不等。培训内容、培训费用和培训对象都可能影响培训时间。影响培训时间的还有培训对象的工作时间和业余时间的安排。大部分培训都是在工作时间进行的，虽然可以考虑利用培训对象的业余时间，但这样做时，必须先征求培训对象的意见。

7.培训费用预算

培训费用直接影响培训计划的编制，以及培训实际效果的好坏。培训的主要费用包括培训讲师的工资及培训用具相关费用等。如果聘请外部培训人员进行培训，可能在费用上会有所增加，但是只要培训效果好，则完全可以弥补这些额外费用。

8.培训讲师

培训讲师担负着培训公司员工的重任，培训讲师素质的高低直接影响公司人力资源素质的高低，进而影响着公司的发展。因此，培训讲师的选择和培养对公司来说至关重要。选择和确定培训讲师要从公司的实际情况出发。

二、培训计划制订的步骤

一般来说，制订培训计划的步骤如图3-9所示。

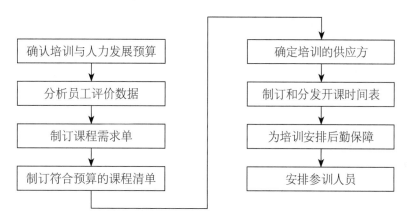

图3-9　制订培训计划的步骤

1.确认培训与人力发展预算

制订培训计划的前提是确认公司将有多少预算用于培训和人力发展。在不确定是否有足够经费支持的情况下，制订任何培训计划都是没有意义的。通常培训预算都是由公司决策层决定的，但是HR可以向决策层递交培训投资的建议书，说明为什么公司应该花钱培训，公司将会得到什么回报。不同的行业，不同的公司，培训预算的差异可能很大，比如外资企业的培训预算占营业额的1%～1.5%。HR需要做的工作是确保培训预算被有效使用，并给公司带来效益。

2.分析员工评价数据

公司的评价体系应该满足所有员工的培训需求。如果公司的评价体系做不到这一点，说明公司的评价体系不够科学，需要改善。此时HR的职责是负责收集所有的培训需求，有时部门经理可能会要求其给出某些建议。

3.制订课程需求单

根据培训需求，列明用来匹配培训需求的所有种类的培训课程。这可能是一个很长的清单，既包含了针对少数员工个性化培训需求的课程（甚至是针对的个人的课程），又包含了针对多数员工共性化培训需求的课程。

4.制订符合预算的课程清单

HR经常会遇到培训需求总量超出培训预算的情况。在这种情况下，我们需要对培训需求进行排序，并决定哪些课程会开展和哪些课程会取消。最好的办法是通过咨询部门经理，了解哪些培训是最重要的。培训专家何守中认为，基本的原则是使培训投入为公司带来最佳绩效产出。

比如，了解哪些课程可能对参训员工的绩效产生最有效的影响，进而提升公司的总体业绩。如果某些培训无法安排，应及时通知有培训需求的员工。这时HR应考虑是否可通过其他方式来满足员工需求，如通过"岗位传帮带"或者轮岗去完成知识传递。

5.确定培训的供应方

明确了课程清单后，HR需要决定如何去寻找这些培训的供应方。首先是决定选用内部讲师还是聘请外部讲师。选用内部讲师的好处是成本较低，而且有时比外部讲师优秀（因为内部讲师更了解组织现状和流程）。若内部没有合适的专家来讲授某门课程，这时就必须聘请外部讲师。

6.制订和分发开课时间表

人力资源部应该制定一份包含所有计划开展的培训课程的开课时间表，列明开课的时间和地点。通常的做法是制作一本包含相关信息，如课程描述的小册子。这本小册子将被分发给所有的部门，作为他们的参考文件。

7.为培训安排后勤保障

培训的后勤保障需要确保培训地点（不管在企业内部或外部）、学员住宿（如果需要的话）和所有的设备、设施，如活动挂图、记号笔、投影仪等符合培训要求。还要确保教材的复印件可提供给每个参训者。虽然这些听起来很平常，但常常出错的往往就是这些方面。最好的做法是假定会出差错，然后重新确认我们的后勤安排，特别是我们将培训安排在企业外部进行时。

8.安排参训人员

安排参训人员时可能会遇到困难，因为不仅要告知参训人员预订的培训地点、培训时间等，有时还要提醒他们带着计算器或在培训前完成一份问卷。公司通常提前两个月或三个月通知培训时间，以便参训人员安排好他们的时间。但经常有一些参训人员在最后一刻取消报名（通常是由于工作的压力），所以要有备选人员可以候补空缺的培训名额。

三、培训计划细节的完善

培训计划主要由培训目的、培训课程、培训对象、培训讲师、培训形式、培训时间、培训费用等内容组成。

1.培训目的

每个培训项目都要有明确的目的或目标，即究竟为什么培训、要达到什么样的培训效果等，这样培训工作才能有的放矢。满足培训需求通常就是培训的主要目的。培训目的要简洁，并具有可操作性，最好能够衡量，这样就可以有效检查参训人员的培训学习情况，便于以后的培训评估。同时，一次培训的目标不能定得太高，不能期望一次性把所有问题都解决，可以根据人员水平设计可以阶段性提高的目标。这样，经过持续的培训，培训的最终目标也会达成。

2.培训对象

确定培训对象就是确定培训针对什么人，并明确哪些人是主要培训对象，哪些人是次要培训对象。根据二八法则，公司80%的业绩往往由20%的人创造，因此这20%的人就是公司的重点培训对象，这些人通常包括公司中高层管理人员、关键技术人员、营销人员和业务骨干等。确定培训对象后，再根据培训对象对培训内容的掌握程度进行分组或分类，把同样水平的人放在一组进行培训，这样可以避免因培训课程内容与培训对象水平不匹配而造成的培训资源浪费的问题。

3.培训课程

培训课程源自由培训需求形成的培训课程框架，可根据轻重缓急从中抽取安排课程。培训对象与培训课程相辅相成，培训对象决定了培训内容，培训内容也必须有合适的培训对象。可以将课程分为重点培训课程、常规培训课程和临时性培训课程三类。

重点培训课程主要是针对全公司的共性问题和未来发展大计进行的培训，或者是针对重点对象进行的培训，这类培训做得好可以极大地提高公司的竞争力，有效弥补公司短板，因此这类培训需要集中公司人力和物力来保证实施，需要公司人力资源部统一实施。根据公司发展，重点培训的内容是不断变化的。如管理人员素质不高、专业能力欠缺是很多企业的一大短板，因此管理人员技能培训就成了不少企业培训的重点。

除了重点培训课程之外，其余的课程大多是常规性培训课程，如新员工培训、营销培训、生产培训、质量体系培训等。这些培训是人员胜任岗位职责必不可少的，需要企业长年累月、不间断地开展。这类培训一般由各职能部门统一组织、人力资源部协助；培训涉及面广、牵涉几个部门的，或者是培训的内容已经变成企业短板的，则由人力资源部统一安排和管理。例如，营销部和技术部都需要对公司的产品知识进行培训，这时就可以将产品知识培训安排在一起进行，这样可以降低培训成本，节约企业资源。

另外还有临时性培训课程，一般指面临突发性问题，需要临时增加的培训课程，或者是比较重要但不紧急，可以根据时间需要灵活安排的培训课程，如招聘技巧培训课程、税务筹划培训等。

4.培训形式

培训形式一般分为内训和外训两大类，其中内训又包括集中培训、在职辅导、交流讨论、个人学习等；外训包括外部培训、MBA（工商管理硕士）进修、专业会议交流等。

从内容上说，涉及管理实践、专业技术的培训采用外训比较适合。由于管理理念、技术日新月异，大部分企业内部讲师的经验积累仅限于本企业，与外界结合度不高，不利于企业博采众长。

涉及企业文化方面的培训，最好选用企业内部讲师。每个企业的文化价值观不同，若请外部讲师来讲文化理念，可能会与企业现有价值发生冲突，得不偿失。

从人员上讲，中高层管理人员、技术人员的培训采用外训、进修、交流参观等培训方式较好，再辅之内训。而普通员工培训采用现场培训、在职辅导、实践练习等方式更加有效。

从具体安排上讲，应该以内训为主，外训为辅。加强内训，一方面可以大幅度地降低培训成本，另一方面可以提高培训的有效性。

5.培训讲师

讲师可以分为外部讲师和内部讲师。涉及外训或者内训中的关键课程、本企业人员讲不了的课程，都需要聘请外部讲师，这时对培训讲师或者培训机构的选择非常关键，直接决定培训成败。甄选讲师最主要的标准就是专业性和技巧，看讲师所讲内容是否与公司需求匹配，是否能充分调动学员的学习热情。甄选时不能盲目追求名气或低价，合适的才是最关键的。具体可以通过听取其他客户的反馈、试听等方式来进一步了解。在制订培训计划时，可以确定讲师的大体甄选方向和范围，等到具体培训时，再确定。

对大部分培训课程来说，其讲师以内部讲师为主。这类讲师通常包括中高层管理人员、业务骨干员工。

 小提示

聘用内部人员担任培训讲师，一方面可以大大节约培训经费，另一方面可以形成一个稳定的内部讲师队伍。

6.培训时间

培训时间应具有前瞻性，不能等到需要培训时再培训，要根据培训的轻重缓急来安排。时机选择要得当，以尽量不与日常工作相冲突为原则，同时要兼顾员工的时间。一般来说，培训可以安排在生产经营淡季、周末或者节假日放假前等，这样时间会比较充裕。

另外，企业应规定一定的培训课时数，从而确保培训任务的完成和人员水平的提升。

7.培训费用

制订培训计划，必须进行费用预算，制订预算的方法有很多，如根据销售收入或利润的百分比确定经费预算额，或根据公司人均经费预算额乘以人数，得出经费预算总额等。

在分配培训费用时，往往不会均摊，主要的培训费用应向高层领导、中层管理者及技术骨干人员倾斜，高级经理及骨干员工管理及技术水平的提高，可以有效地带动普通员工工作能力的提高，这种从上向下的推动远比由普通员工从下向上推动要容易得多。

　　把以上各个培训要素考虑设计周全后，培训计划草案就变成了完整详细的培训计划，经过最后讨论定稿，就成了指导企业开展培训的纲领性文件。制订科学的培训计划后，企业因为规划不周而出现的各类问题就可以有效避免，人员的培训满意度就会大大提升，培训就会有效地支撑企业的发展。

　　下面是一份××公司20××年度培训计划的范本，仅供参考。

××公司20××年度培训计划

　　此培训计划是根据公司20××年发展战略、人力资源部工作计划，对公司各部门、各岗位员工的培训需求进行分析、预测后制订的。具体包括20××年度新员工入职培训和素质提升计划、20××年度员工入司、职业素质与能力提高培训计划、20××年度中高层管理人员培训计划等，在实际实施过程中会有所调整。

　　1. 20××年度新员工入职培训和素质提升计划

序号	培训主题	培训对象	培训人	培训课时	培训形式	培训时间	培训考核
1	公司简介	所有新员工	人力资源部	0.5小时	内部培训		书面考试
2	企业文化	所有新员工	人力资源部	0.5小时	内部培训		书面考试
3	公司规章制度	所有新员工	人力资源部	0.5小时	内部培训		书面考试
4	员工日常行为规范	所有新员工	人力资源部	0.5小时	内部培训		书面考试
5	公司产品认知	所有新员工	人力资源部	0.5小时	内部培训		书面考试
6	商务礼仪	所有新员工	培训专员	1小时	内部培训		书面考试
7	职场礼仪	所有新员工	培训专员	1小时	内部培训		书面考试
8	工作计划与总结	所有新员工	培训专员	0.5小时	内部培训		书面考试

2. 20××年度中高层管理人员培训计划

序号	培训主题	培训对象	培训讲师	培训课时	培训形式	培训时间	培训费用
1	狼性管理	储备干部					
2	管理沟通	储备干部					
3	管理授权与激励	储备干部					
4	领导艺术	储备干部					
5	团队建设与高效执行	储备干部					
6	心态决定一切	储备干部					
7	没有任何借口	储备干部					
合计费用：10 000元							

3. 20××年度员工入司、职业素质与能力提高培训计划

序号	培训主题	培训对象	培训讲师	培训课时	培训形式	培训时间	培训考核
1	企业简介及企业文化	全体员工	培训专员	1	内部培训		书面考试
2	公司规章制度与日常行为规范	全体员工	培训专员	1	内部培训		书面考试
3	每月工作总结	全体员工	培训专员	2	内部培训		书面考试
4	心态决定一切	全体员工	培训专员	4	内部培训		心得总结
5	公司产品认知	全体员工	培训专员	2	内部培训		现场考核
6	职场礼仪	全体员工	培训专员	4	内部培训		心得总结
7	工作计划制订及时间管理	全体员工	培训专员	6	内部培训		心得总结
8	工作中情绪与压力调试	全体员工	培训专员	6	内部培训		心得总结
9	人际沟通与协调	全体员工	培训专员	4	内部培训		心得总结
10	5S现场管理	全体员工	培训专员	2	内部培训		心得总结
11	团队协作精神	全体员工	培训专员	2	内部培训		心得总结
12	职业素养与职业技能提升	全体员工	培训专员	2	内部培训		心得总结
13	没有任何借口	全体员工	培训专员	1	内部培训		心得总结
14	（备选1）	全体员工	培训专员	2	内部培训		心得总结
15	（备选2）	全体员工	培训专员	1	内部培训		心得总结

第四节 培训组织与实施

培训组织与实施是保证培训达到预期效果的关键一环。在开展员工培训前，公司需要做好各项准备工作，以确保培训顺利进行。在具体的培训项目实施过程中涉及许多人、部门和设施，最容易在细节上出错。因此，在这个过程中，人力资源部一定要考虑周全。

一、培训准备

1.发布培训通知

培训通知是公司培训管理的正式文件，有着正确传递培训信息，引起被培训者重视的作用，在必要的时候，可以作为培训考核的依据。

（1）信息采集通知

培训部通过发布通知书，要求各部门把需要参加培训的人员确定下来，并上报给培训部门，培训部门再据此作出安排。

（2）培训信息通知

一般培训信息通知包括表3-9所示的具体内容。

表3-9 培训信息通知的内容

序号	通知内容	具体说明
1	培训课程计划书	培训课程计划书就是将已经确定的培训课程以书面形式发布，主要包括课程名称、课程内容、开课时间、培训对象、培训方法、培训讲师介绍等
2	培训安排说明书	将已经确定的在培训日程内的一切活动安排以书面的形式发布，如培训地点、报到时间、开课时间、用餐方式等，以便让受训者心中有数，提前做好各项准备
3	纪律要求及注意事项	对于各类培训，培训部要制定严格的培训制度，如签到制度、手机使用规定、作息时间要求、评估制度等，以规范学员的行为

2.培训教室的选择与布置

培训部要提前选好培训教室，并且最好有其他备选教室。一般情况下，根据学员人数和培训的内容选择培训教室。

选择培训教室时，一定要考虑以下事项。

① 房间面积一定要足够大，但也不能太大，以免给人空荡荡的感觉，造成消极的学习氛围。

② 在培训教室里一定要预留供书写和放置资料的工作区。

③ 培训教室要有通风设备，且运转良好，容易控制。

④ 培训讲师的工作区有足够大的空间来放置材料、多媒体工具或其他培训用器材。

⑤ 要保证坐在后排的员工可以看清屏幕。

⑥ 检查周围环境是否有干扰培训的因素，如有其他培训班、工作人员办公室等（因为噪声会分散人的注意力，影响培训效果）。

⑦ 检查休息室及饮用水、茶点的状况。

⑧ 检查灯光、空调的使用情况和控制按钮。

布置好教室后，还需要注意一些细节，具体如表3-10所示。

表3-10　培训教室的细节管理

序号	细节	管理措施
1	电源插口	（1）进行培训前要到现场检查电源插口的位置和数量 （2）检查所需设备的电源线是否够长，设备插头是否都能与插口匹配 （3）为了防止在授课时意外挪动电源线，或是有人在走动时被绊倒，最好将电线贴在地面上
2	灯光、空调	（1）在室内的培训要保证灯光充足，保证学员能清楚看到演示板和投影，但是用太强的灯光，会分散学员的注意力。因此，要选择适宜的灯光；在培训中播放录像若需要关灯或调暗灯光，就要确切知道灯光开关按钮的具体位置，哪个开关控制哪盏灯 （2）灯光光线有可能会在某个角度干扰人的视线，所以要从多角度观察灯光的效果，及时发现并解决这个问题 （3）检查空调的温度是否适宜不要因空调的温度而影响了学员的学习。这个问题也要早发现、早解决
3	其他设施设备	（1）其他设施如音响、通风设备等详情，一定要向相关的管理人员了解清楚 （2）核查所有设备的情况，保证不因设备的问题而影响培训

3.培训工具的准备

培训工作会使用到各种工具，如投影仪、白板、电脑等。培训人员在开展培训工作前，必须准备好这些设备工具，以保证培训工作顺利进行。

（1）投影仪

投影仪有不同的型号和档次，因此在使用前一定要熟悉它们的结构和使用方法，同时要做好检查工作，具体检查事项如表3-11所示。

表3-11　投影仪检查表

检查事项	结果
（1）房间内光线是否太强 （2）投影仪的光源是否聚焦 （3）显示到屏幕上的图文是否足够大，足够清晰 （4）每个学员是否都能看清屏幕上的内容 （5）是否需要给培训讲师准备一支激光笔	
注意事项	
（1）请确保电脑电量充足 （2）投影仪要预热3～5秒，才能正常工作，所以要提早开机 （3）电源关闭后，等待投影仪内部排风扇停止工作后（大约5分钟）才可拔下电源，否则投影仪容易损坏 （4）在开机状态下，灯丝处于高温状态，所以不要随意搬动机器 （5）如果在白天使用投影屏，要使用高亮度的投影仪 （6）投影的内容最好注明页数，或使用多种色彩来突出重点内容，这样可以方便查找 （7）要准备一支备用的激光笔，供培训讲师作为指示器，以强调所讲的内容	

（2）白板

培训教室一般都采用白色书写板，因为在白色书写板上书写黑色内容要比黑板上书写淡色的内容更加清晰。培训人员在使用白板前，也要做好检查工作，确保白板能正常使用，如表3-12所示。

表3-12　白板检查表

检查事项	结果
（1）是否将其放在每个学员都能看得见的地方 （2）是否准备了不同颜色的书写笔 （3）是否有板擦	
注意事项	
（1）书写板要安装在带滑轮的架子上，以方便移动 （2）在书写板上写的字要足够大，让每个人都能看清楚 （3）使用书写笔书写时，不要用油性笔，因为油性笔的字迹难以擦去 （4）为防止笔墨干枯，不用时，请立即盖好笔帽	

（3）电脑

培训讲师所准备的资料如PPT课件等，大都存储在电脑中，所以在培训前需要对电脑进行检查，具体检查事项如表3-13所示。

表3-13　电脑检查表

检查事项	结果
（1）是否有硬件、软件上的故障 （2）是否带了电源线	
注意事项	
（1）清楚了解、熟悉电脑使用方法 （2）开关电脑时动作要轻，以免接线松动而导致电源中断 （3）最好在断电的情况下插拔电脑的外设等 （4）不要在电脑旁放置水杯、饮料等物品	

4.培训后勤工作

为了保证培训工作的顺利完成，培训部一定要精心做好相应的后勤保障工作。在培训过程中，具体的后勤工作主要包括交通安排、设备维护等。

（1）交通安排

在组织培训时一定要了解到达培训地点需要多长时间。如果距离较远，可以安排专车将员工送到培训教室；若是距离近，可以告诉员工自行选择交通工具。此时一定要交代清楚培训的确切地点，并建议他们在何时到达较好。

提到交通，不得不考虑天气情况，因为天气情况也会直接影响学员到达培训地点的时间。如果在室外培训，天气就是最大的影响因素。因此，要密切留意培训前一周的天气情况，如果发现天气不利于培训，要考虑是否改期。

（2）技术维护人员安排

即使在设备状况良好的情况下，也要安排好技术维护人员，在培训中设备一旦出了问题，应立即与他们联系，及时排除故障。

（3）茶点膳食安排

如果培训就在公司的会议室或培训室进行，茶点和膳食安排会较为灵活，可以结合培训课程的进度来进行安排或调整。

二、培训实施

培训项目的前期工作准备完毕后，即进入培训项目的实施阶段，这时只需要按培训的课程安排进行就可以了。在实施过程中所需资源必须到位，需要组织者根据计划进行现场操作和协调。

1.协调培训讲师

虽然已经提前确定好了培训讲师，但是在培训开始前还需要与讲师确认，避免讲师临时有工作不能来上课，而影响培训的正常开展。讲师在讲课前也可能有新的讲课安排，这时就需要组织者进行协调安排。

2.讲师课程准备

在讲课开始前，组织者要根据讲师的要求将课件和教材提前发给员工，以保证讲师正常的授课，同时也方便学员提前进行预习，以提升培训效果。组织者在准备的课件中可以简单介绍一下讲师的特点和课程的内容，以保证学员快速进入学习状态。

3.签到考勤

培训组织者在每天早晨和下午上课前要组织学员签到。

4.维护课堂纪律

组织者在课堂上要维护纪律，避免员工睡觉、说话等，影响讲师的讲课效果。

5.讲师评估

培训组织者要提前把讲师评估表发给学员，使学员了解讲师评估的侧重点。培训结束后，学员要及时评估，以保证评估真实有效。

6.活动的实施

培训项目实施过程中，为提升培训效果，可能会穿插一些其他活动，组织者要提前准备好这些活动需要用到的物品。

7.集体合影

培训的最后一天要进行合影，组织者要提前准备好相机，并安排好会场。

8.培训费用汇总

培训结束后，组织者要对培训过程中产生的各种费用进行归类整理汇总，并填写报销单进行报销。

9.组织考试

培训结束前一天，公司要对员工的整体学习情况进行测试，测试成绩将成为员工职业资格认证的重要指标，并作为以后晋升的重要依据，所以公司要对测试的过程和试题的质量严格把关。组织者应提前将试题印刷成卷，并保密存放。

三、培训后期管理

大部分组织者认为培训结束就意味着培训管理结束了，其实并没有结束，后期还有很多评估指导工作要做，这也是员工培训的最后阶段。

1.清理培训场地

培训结束后，如在公司内培训，则要组织人员对会场进行清理，把培训会场恢复原样。要求按6S（整理、整顿、清扫、清洁、素质、安全）的标准来进行清理。

2.储存培训照片，撰写培训通信录

组织者要将培训期间的照片从相机转存到电脑存档。组织者还应编写通信录，并发给员工，以便员工在培训结束后保持工作之间的沟通交流。

3.批阅试卷

组织者根据讲师的答案，批改试卷，以保证培训质量考核的准确性。

4.整理调查问卷

培训结束后，组织者要将大家的评估表进行汇总和整理，并分析调查的结果。

5.撰写培训总结

公司组织相关人员对培训期间的基本情况和出现的问题进行整理撰写，总结培训的不足，找出解决的方法，改进培训，以保证下期培训更加完美。

6.建立培训档案

培训全部结束后，组织者要整理培训期间的所有资料，建立培训档案，并对各类培训资料进行分类分档，以便为今后的培训，以及为公司人力资源部进行人员考核、晋升、奖惩提供重要依据。

🔍【实战工具08】▶ -

员工培训情况汇总表

姓名		性别		出生年月		
学历		专业		工作单位		
所在岗位	技术类别	工种	技术（能）等级	技术（能）等级取得时间		晋升时间
序号	培训课程名称	培训学时	培训内容			培训单位
1						
2						
3						
4						
合计	—		—			—
填表说明	1.本表采用顺叙的方式填写，不得随意涂改，确需涂改的，采取杠改的方法，并由涂改人签名确认 　2.按照员工培训登记表对应内容如实登记 　3.本表每年度一张，年终汇总本年度培训学时数，并对空白栏进行处理后，由本人签名确认 　4.本表由企业指定人员填写，由企业领导审核。填写虚假记录的，视情节予以惩罚					

填表人：　　　　　　　审核人：　　　　　　　确认人：

- -

第五节　培训评估与效果转化

　　科学的培训评估对于企业了解培训的效果，界定培训对企业的贡献，证明员工培训所取得的成绩非常重要。

一、员工受训后的评估

1.学习评估

评估受训者的知识、技能和态度的变化，将受训前后的评估结果做比较。另外也可以请受训员工写受训心得报告。心得报告的写作重点如表3-14所示。

表3-14　心得报告的写作重点

内容	客观上	主观上
我是……	个人基本资料	个人形象
我的经验……	学习事件	主观经验
我学了……	概念、技术	价值、回馈
我打算（或不打算）去做	成就	意图
我受到……的支持（或阻碍）	外在因素	内在因素

2.工作表现评估

工作表现评估是指评估受训者在培训一段时间后，工作表现有何改变，并对其受训前和受训后的工作表现进行比较。

工作表现是知识、技能和态度的综合表现。不管在哪一个部门，对于员工受训前后的工作表现都可从员工的缺席、怠工、异动、迟到等方面进行比较。工作表现评估的内容如表3-15所示。

表3-15　工作表现评估的内容

能力	管理部门	销售部门
知识技能	（1）完成单项工作的平均时间 （2）完成单项工作的平均花费 （3）管理品质	（1）业绩提升 （2）服务品质 （3）顾客投诉（次数减少、解决方式不复杂）
态度	（1）出勤率 （2）迟到率 （3）工作完成率	（1）怠工率 （2）迟到率 （3）工作完成率

事实上，培训后员工的工作表现受组织管理机制的影响很大。若受训回来的员工在工作上表现良好，但没有得到任何激励，日久也会表现平平。因此，对于接受完培训的员工，必须提供拉力（激励）和推力（压力）并与他们讨论如何将所学应用于工作。

【实战工具09】▶▶ ---

培训工作表现评估表

部门	评估项目	培训前	培训后
管理部门	（1）完成单项工作平均时间 （2）完成单项工作平均花费（时间、金钱） （3）管理品质 （4）出勤率 （5）迟到率 （6）工作完成率		
销售部门	（1）业绩提升 （2）服务品质 （3）顾客投诉（次数减少、解决方式不复杂） （4）怠工率 （5）迟到率 （6）工作完成率		
...			

3.影响评估

影响评估可分成货币价值评估及非货币价值评估两大部分。非货币价值是指员工压力降低、善意建议增加、组织中有较好的人际关系。货币价值是指销售业绩增加、工作完成程度等。进行影响评估可以参考表3-16所示内容。

表3-16　影响评估的内容

类型	管理部门	销售部门
非货币价值	（1）员工工作信心增加 （2）员工工作满意度提升 （3）员工建议增加 （4）组织士气提升	（1）客户关系良好 （2）新客户开发增多 （3）员工建议增加
货币价值	单项工作完成量增加	（1）销货总量增加 （2）财务资源花费变少

二、培训效果转化

1.培训效果转化步骤

一般来说，培训效果转化包括两个步骤，即个人转化和组织转化，具体如图3-10所示。

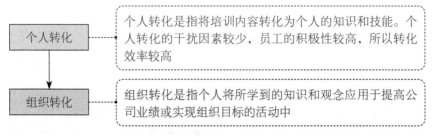

图3-10　培训效果转化步骤

2.制定培训效果转化方案

（1）实地训练方案

这个方案在设计时应注意两个方面：一方面是培训设计时要加强培训内容与实际工作的相关性；另一方面是培训结束后，让员工在实际工作中能够有机会运用所学的知识技能。具体方法如表3-17所示。

表3-17　实地训练方案设计

序号	设计要求	具体说明
1	实习训练	在培训课程进行期间让员工在实际工作环境中进行一些实际工作演练
2	工作设计	为员工提供执行与培训内容高度相关任务的机会，并在其执行后反馈工作成绩

（2）团队支持方案

从培训效果转化的影响因素来看，营造培训效果转化的氛围非常重要。这个方案的重点在于让管理者、同事等为受训人员创造有利于培训效果转化的工作环境。

管理者可以采取具体的措施来支持员工在工作中应用培训成果，具体包括以下内容。

① 鼓励员工采用新技能和新方法完成原来的工作。

② 减少员工使用新技能时的顾虑。例如，允许员工在使用新技能时出现暂时的绩效下降和工作失误。

③ 与员工探讨如何在工作中使用新技能和新方法。

④ 在员工使用新技能工作时及时给予表扬。

⑤ 通过工作设计使员工有机会运用新技能。

⑥ 鼓励员工向其他同事传授新知识和新技能。

⑦ 将参加培训的员工组成小组，让其定期讨论运用新知识、新技能遇到的问题，共同寻找答案。

⑧ 当员工使用新技能遇到挫折时，及时给予鼓励和技术支持。

（3）关联性激励方案

培训效果转化中的激励可以使受训员工产生学习动机，并主动将培训所学应用于工作之中，从而提高个人能力和组织业绩。具体如表3-18所示。

表3-18 关联性激励方案的设计

序号	设计要求	具体说明
1	目标设立	期望理论认为，人们对目标的期望越大，执行任务的动机就越强。因此，在培训时帮助员工设立有效的期望目标，可以激励员工实现培训效果转化。目标包括对培训内容与个人需要、培训知识与个人业绩提高、业绩与奖励、奖励与满足个人需要之间的关系等的期望和要求
2	目标考核	管理者应当把培训效果转化纳入管理体系之中，对实现效果转化目标的员工给予奖励，对没有实现效果转化目标的员工给予惩罚

（4）知识分享方案

知识分享方案有利于培训成果在组织内部转化，通过各种形式的知识分享活动，组织可以加大知识传播的范围，其具体内容如表3-19所示。

表3-19 知识分享方案

序号	类别	具体内容
1	知识分享会	也叫团队学习或小组学习，以小组讨论的形式交流学习心得，通过知识的交流和分享提高能力
2	知识网络	建立公司中心知识库，将分散在员工个人身上的知识通过电脑输入到中心知识库中，员工可以通过公司内部网络寻找自己需要的知识
3	公开演讲	给员工提供公开演讲的机会，让员工将自己的学习心得与同事分享

第四章
薪酬体系设计

薪酬体系是企业确定员工个体薪酬水平的依据，包括员工基础工资的核定方法、核定依据和核定过程。其目的是增强基础工资核定的科学性、公开性和透明度，使基础工资具有一定的激励作用。薪酬体系设计主要包括薪酬水平设计、薪酬结构设计和薪酬模式设计。

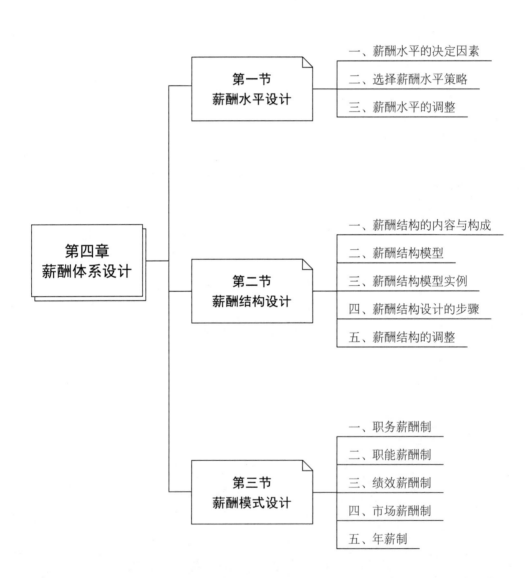

第一节　薪酬水平设计

薪酬水平，是指企业支付给不同职位员工的平均薪酬，是企业薪酬体系的重要组成部分。一个企业的薪酬水平高低直接影响到企业在劳动力市场上获取劳动力能力的强弱，进而影响企业的竞争力，这也可以称为薪酬的外部竞争性。

计算薪酬水平的数学公式为：薪酬水平＝薪酬总额/在岗的员工人数。

一、薪酬水平的决定因素

决定薪酬水平的因素包含企业内部因素和企业外部因素两个方面。

1.企业内部因素

企业内部因素包括两部分，一是直接影响薪酬制度的因素，二是影响企业盈利能力（薪酬支付能力）的因素。

① 直接影响薪酬制度的因素如表4-1所示。

表4-1　直接影响薪酬制度的因素

序号	因素	影响情况
1	工作繁简程度、难易程度、责任轻重、危险性、工作环境等	工作繁琐、难度大、责任重、工作环境艰苦等的岗位，薪酬水平应高些。反之，薪酬水平应低些
2	工作成绩、工作年限	成绩优秀、工作年限长的员工，薪酬水平应高些；成绩一般、工作年限短的员工，薪酬水平可略低
3	学历差异	学历反映了员工的文化能力及员工的潜在能力。另外，学历不同的员工对个人智力的投资也不同。一般来说，学历高的员工，其个人智力投资比学历低的员工要多。因此，学历高的员工，薪酬水平应相对高些；反之，薪酬水平应相对低些
4	薪酬形式	企业应选择适合本企业特点的薪酬形式
5	福利及优惠待遇	有的企业为员工提供了各种福利或优惠待遇。如低价或免费食宿，利用休假时间组织免费旅游，等等。如果企业没有类似的福利或优惠政策，应在薪酬方面予以适当的补偿，以稳定员工队伍

② 影响企业盈利能力的因素如表4-2所示。

表4-2　影响企业盈利能力的因素

序号	因素	影响情况
1	人才的数量和质量	企业之间的竞争，其实就是人才的竞争。人才的数量和质量对企业发展起着决定性作用
2	原材料的市场动向	注意原材料的市场动向，寻找降低产品成本，提高企业经济效益的机会
3	销售能力	产品销售是企业生产经营活动的最后一环。产品质量好、适销对路，能加速企业资金周转，刺激生产。反之，产品滞销，将会减缓资金周转速度，抑制生产
4	新产品的开发能力	产品更新换代快，能使企业在市场上占据领先地位，蓬勃发展
5	产品成本指数	企业在其他条件不变的情况下，若能降低产品成本，便可获取较高的利润，使企业收入增加
6	提高劳动生产率	劳动生产率主要用来衡量员工在一定的劳动时间内能够创造多少数量的某种产品。它是企业追求的重要目标之一

2.企业外部因素

企业外部的因素包括两大类，一类是社会劳动力供求状况，另一类是物价方面的因素。

① 社会劳动力供求状况。社会劳动力供求状况是由劳动力实际利用率、劳动力年龄结构、就业率、待业率、劳动力参与率、同行业薪酬水平及国家经济增长率等决定的，具体如表4-3所示。

表4-3　决定社会劳动力供求状况的因素

序号	因素	说明
1	劳动力就业率	劳动力就业率反映了可能参加工作的全部劳动力的实际利用程度
2	劳动力待业率	劳动力待业率反映了一定时期内在全部可能参与社会劳动的人员中，还没有工作的人员的比例。这个比重越大，说明待就业的人数越多，劳务费就越低；反之，劳务费就越高
3	劳动力参与率	指在业人员及待业人员之和同劳动力总数的比率。反映了一定时期内整个劳动力资源参与工作的程度
4	劳动力利用率	反映了在劳动力总数中，实际参加工作的人数的比例
5	升学率	一般来说，升学率高，待业人员中的青年就会相对减少，待业率会相对降低
6	劳动力年龄结构	按年龄段统计分析在职人员与待业人员，能看出在职人员中缺少哪个年龄段的人，判断能否从待业人员中补充

序号	因素	说明
7	退休年龄的变化	退休年龄的变化直接影响到劳动力的补充，进而影响到社会劳动力的供求状况
8	同行业薪酬水平	确定本企业薪酬水平时，要参考同行业其他企业的薪酬水平。若本企业的薪酬水平定得太低，将导致员工队伍不稳定。若定得太高，一是对其他企业有影响，二是若遇企业生产经营状况不佳，再增资会有困难。同时，其他企业调资又会影响到本企业

以上这些指标的基本含义是，如果社会上可用的劳动力供大于求，则企业薪酬水平偏低；反之，应偏高，从而起到促使劳动力在部门和企业间合理流动的作用。由此可见，薪酬水平一方面与劳动力再生产费用有关，另一方面受到社会上可用的劳动力数量的影响。

② 物价方面的因素。物价方面的因素如表4-4所示。

表4-4 物价方面的因素

序号	因素	说明
1	生活费用	生活费用是保证员工及其家庭基本生活的费用。企业在确定员工的薪酬水平时，应参考物价指数及当时的生活水平等
2	生活费用指数	生活费用指数的变化，可以反映居民实际生活水平的变化。在确定薪酬水平时，企业管理者应考虑生活费用指数这一因素
3	物价指数	物价指数主要反映相邻两个时期商品价格水平的变动方向和变动程度
4	货币购买力指数	货币购买力的变化与商品、服务价格水平的变化成反比。企业运用这一指数可以计算出实际薪酬水平的变动幅度
5	产品需要弹性	薪酬也受产品需要弹性的影响。如果商品或服务的价格已高到大多数人都不愿接受，那么消费者宁可不要这种服务

二、选择薪酬水平策略

薪酬水平策略包括四种类型，分别是领先型策略、跟随型策略、滞后型策略、混合型策略，具体如表4-5所示。

表4-5 薪酬水平策略

序号	策略	说明
1	领先型策略	领先型策略是指本企业的薪酬水平高于竞争对手或市场平均薪酬水平。这种薪酬策略以高薪为代价，在吸引和留住员工方面具有明显优势，并避免了员工对薪酬的不满

续表

序号	策略	说明
2	跟随型策略	跟随型策略是指本企业的薪酬水平接近竞争对手或市场平均的薪酬水平，使本企业吸纳员工的能力接近竞争对手吸纳员工的能力
3	滞后型策略	滞后型策略是指本企业的薪酬水平低于竞争对手或市场平均薪酬水平。采用滞后型策略的企业，大多处于竞争性市场，边际利润率比较低，成本承受能力很弱。受市场较低的利润率所限，企业没有能力为员工提供高水平的薪酬，这是企业实施滞后型薪酬策略的一个主要原因。当然，有些采取滞后型薪酬策略的管理者并非真的没有支付能力，而是没有支付意愿
4	混合型策略	所谓混合型策略，是指企业在确定薪酬水平时，是根据职位的类型或员工的类型确定，而不是对所有的职位和员工采用相同的薪酬水平定位。例如，有些公司针对不同的职位族使用不同的薪酬水平策略，对核心职位族采取领先型的薪酬策略，对其他职位族实行追随型或滞后型的薪酬策略

小提示

有些公司会在不同的薪酬构成之间实行不同的薪酬政策。例如，在总体薪酬的方面处于高于市场平均水平的竞争性地位，在基本薪酬方面处于略低市场平均水平的拖后地位，同时在激励性薪酬方面处于远高于市场平均水平的领先地位。

三、薪酬水平的调整

薪酬水平的调整，是指薪酬结构、等级要素、构成要素等保持不变，只调整薪酬结构上每一等级或每个要素的数额。

1.薪酬水平调整的依据

薪酬水平调整的依据包括市场、绩效和职位等因素。人力资源经理既可以采用其中一种因素作为调薪依据，又可以采用其中一种因素为主，其他因素为辅的方式。薪酬水平调整的依据如表4-6所示。

表4-6　薪酬水平调整的依据

序号	调整依据	说明
1	市场	通过市场调查，了解企业关键岗位及人员的薪酬水平，一旦发生偏离应及时调整，以保持企业在劳动力市场上的竞争力。关键岗位及人员一般包括研发技术岗、高级管理岗和企业特定发展阶段的稀缺人才等

序号	调整依据	说明
2	绩效	对于那些以绩效结果为导向的岗位，如销售类岗位、生产类岗位，企业可通过绩效调薪使员工薪酬与绩效结果直接挂钩，其目的是奖励先进、鞭策后进
3	职位	对于岗位价值发生变化的岗位，企业要重新评估，然后将其归入相应的薪酬等级。另外，对于职位发生变化的员工，其薪酬也要与员工的新岗位及岗位职责挂钩
4	能力	对于公司认可的技能提升，如某员工经过培训提升了技能，企业管理者要为员工调薪，其目的是激励员工主动提升自身专业水平及技能
5	工龄	为了鼓励员工长期服务于企业，管理者可依据工龄为员工调薪，一般来说此类调薪的幅度不大

2.制定调整战略

企业制定总体薪酬水平的作用之一是处理与外部市场的关系，使自身的薪酬水平能够具备外部竞争力。

企业可实行领先型薪酬策略。企业可以暂时不考虑自身当前的财务状况，不要单纯地把薪酬作为一种人工成本，而要将其作为一种战略投资或风险投资。例如，企业每隔一年调薪一次，若当前市场薪酬年增长率为10%，那么企业薪酬增长率就必须高于10%，保持在下一个调整期到来之前，企业的薪酬水平仍然不低于市场平均水平。

3.重视经验曲线效应——对不同岗位和员工实行有区别的调薪政策

经验曲线是指随着时间的推移，某个员工对某个岗位、某项工作的熟悉程度、经验会逐渐增加，感情会越来越深，从而有利于员工改进工作方法，提高工作效率，更好地完成本职工作。但是，经验的积累也会越来越慢、越来越少，直至终止。

企业调整薪酬水平时应重视经验曲线效应，主要体现在如图4-1所示两个方面。

体现一　经验曲线效应较强的工作

随着时间的推移，员工的薪酬水平需要上涨，在经验增加阶段，薪酬水平应按递增比例增加；到经验积累变慢或终止时，企业管理者可以适当地降低薪酬增长幅度或者采取其他激励方式

体现二　经验曲线效应不强的简单工作

熟练工和后勤人员的技能与工作经验的相关性不强，企业管理者在调整这类员工的薪酬水平时可以不用过多地考虑经验与薪资之间的关系

图4-1　企业重视经验曲线效应的体现

第二节　薪酬结构设计

薪酬结构是指企业各岗位之间薪酬水平的比例关系，包括不同层次岗位之间报酬差异的相对值和不同层次岗位之间报酬差异的绝对值。

一、薪酬结构的内容与构成

狭义的薪酬结构是指在企业内部不同岗位或不同技能员工的薪酬水平的排列形式，包括薪酬等级的数量、薪酬级差、等级区间及级差决定标准等。广义的薪酬结构还包括不同薪酬形式之间的比例关系，如基本薪酬、可变薪酬与福利薪酬之间的比例关系等。

一个典型的薪酬内部等级结构如图4-2所示。

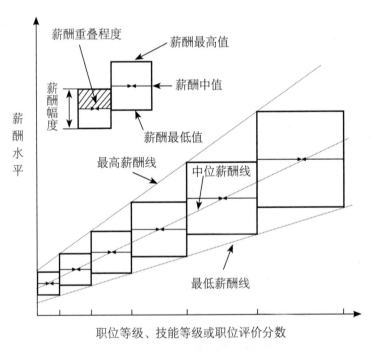

图4-2　薪酬内部等级结构

根据图4-2可知，薪酬结构的基本组成部分如下。

① 薪酬的等级数量。

② 薪酬曲线（最高薪酬线、中位薪酬线、最低薪酬线）。

③ 薪酬等级内部薪酬的变动范围（薪酬幅度、薪酬中值、薪酬最高值、薪酬最低值）。

④ 相邻薪酬等级的交叉或重叠程度等。

二、薪酬结构模型

薪酬结构模型包括与组织结构相匹配的薪酬结构模型、与岗位体系相匹配的薪酬结构模型、与薪酬支付标准相匹配的薪酬结构模型。

1. 与组织结构相匹配的薪酬结构模型

与组织结构相匹配的薪酬结构有三种基本模型，即平等式薪酬结构模型、等级式薪酬结构模型、网络式薪酬结构模型，具体如表4-7所示。

表4-7　与组织结构相匹配的薪酬结构模型

序号	模型类型	具体说明
1	平等式薪酬结构模型	薪酬等级较少，相邻等级之间，以及最高薪酬与最低薪酬之间的差距较小。平等式薪酬结构有利于提高员工对企业的满意度，促进团队合作，但是较小的薪酬差距会削弱员工的竞争意识，在一定程度上阻碍了个人绩效的提高
2	等级式薪酬结构模型	薪酬等级较多，相邻等级之间，以及最高薪酬与最低薪酬之间的差距较大。企业采用等级式薪酬结构时通常需要一些管理制度的配合，例如，对每个等级的岗位或工作内容有详细的界定和描述，必须明确每个人的职责和分工等，它不适合团队工作形式
3	网络式薪酬结构模型	企业设置薪酬等级结构和薪酬等级标准时多以市场薪酬水平的变化为依据，同时比较关注不同企业的人员和能力组合

2. 与岗位体系相匹配的薪酬结构模型

规模较大或员工构成比较复杂的中型企业一般不采取单一的薪酬结构，而是采取多元化的与岗位体系相匹配的薪酬结构，并形成一个大的结构体系。从企业薪酬管理的实践看，与岗位体系相匹配的薪酬结构模型的选择通常有图4-3所示的四个依据。

（1）非豁免雇员与豁免雇员的区分

非豁免雇员主要包括生产作业人员、技术人员、研究助理、临时工等，他们受到法律条款和工会的保护；豁免雇员主要包括管理人员、行政人员等，他们的市场流动性较大，受到法律保护的力度较弱。因此，企业会针对这两类员工分别设计薪酬结构。

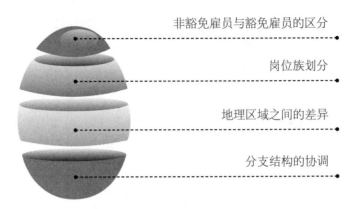

图4-3　与岗位体系相匹配的薪酬结构模型的选择依据

（2）岗位族划分

岗位族对企业薪酬结构的影响较为直接，不同岗位族受不同劳动力市场的影响，其对企业的贡献方式也不同，薪酬结构需要随之做出调整。按岗位序列划分，企业薪酬结构的整体框架可以分为以下五大类别，如表4-8所示。

表4-8　薪酬结构的整体框架类别

序号	岗位序列	职位说明	薪酬结构的整体框架
1	管理序列	从事管理工作并拥有一定管理权限的职位	年总收入＝年基本收入＋年其他收入＝（月固定工资＋月绩效工资＋年度延迟支付工资）＋（企业业绩分享＋工龄工资＋各类补贴或补助）
2	职能序列	从事职能管理、生产管理等工作且不具备或不完全具备管理职责的职位	年总收入＝年基本收入＋年其他收入＝（月固定工资＋月绩效工资＋年度延迟支付工资）＋（企业业绩分享＋工龄工资＋各类补贴或补助）
3	技术序列	该岗位人员从事技术研发、设计、操作工作，需要具备一定的技术	年总收入＝年基本收入＋年其他收入＝（月固定工资＋月绩效工资＋项目奖金＋年度延迟支付工资）＋（企业业绩分享＋工龄工资＋各类补贴或补助）
4	销售序列	该岗位人员从事专职销售工作，工作场所不固定	年总收入＝年基本收入＋年其他收入＝（月固定工资＋佣金＋销售奖金＋年度延迟支付工资）＋（工龄工资＋各类补贴或补助）
5	操作序列	该岗位人员在公司内部从事生产或销售工作，工作场所比较固定	年总收入＝年基本收入＋年其他收入＝（月固定工资＋计件工资＋年度延迟支付工资）＋（工龄工资＋各类补贴或补助）

（3）地区之间的差异

有些公司的销售部、制造厂、服务中心和办公室不在同一个地方。在这种情况下，各地劳动力市场、税收政策、生活水平等因素都会影响到薪酬的分配。企业应考虑在不同地区的分支机构采取不同的薪酬结构。

（4）分支结构的协调

有些公司拥有多个子公司，子公司之间在经营业务上存在较大差异，如高科技子公司和制造子公司需要截然不同的薪酬结构。在这种情况下，企业可以根据不同分支机构的岗位族特征设计更多类型的薪型结构。

3.与薪酬支付标准相匹配的薪酬结构模型

薪酬支付标准是确定员工间薪酬差异的依据，企业可以以岗位为基础或以技能为基础设置薪酬结构。前者是指根据岗位价值或岗位在企业中的地位来确定薪酬标准；后者是以员工的技能、资历或能力为标准划分薪酬等级。

以岗位为基础或以技能为基础设置薪酬结构时需要结合企业类型、发展阶段、员工特征等因素进行综合考虑。两者的区别如表4-9所示。

表4-9　以岗位为基础和以技能为基础的薪酬结构比较

特征	以岗位为基础	以技能为基础
薪酬水平的决定因素	考核工作绩效的市场标准	考核技术的市场标准
基本薪酬的决定因素	岗位的薪酬要素	员工的知识或技术
基本薪酬的增加依据	工作目标或工作资历	员工获得的知识或技术
基本薪酬的升级依据	工作绩效标准	员工的技术水平和熟练程度
对员工的主要好处	完成相应工作就可以得到工资	工作具有多样性与丰富性
对管理者的主要好处	薪酬管理更加便捷	工作安排更加灵活

上表说明，以岗位为基础和以技能为基础设置的薪酬结构之间的差异可以从薪酬水平的决定因素，基本薪酬的决定因素、增加依据、升级依据，以及对员工和管理者的好处等方面进行考察。企业实践经验证明，将两者有机地结合起来是薪酬结构设计与创新的关键。

4.新型薪酬结构

新型薪酬结构的特点是短期激励与长期激励相结合。为了更好地激励高级管理人员和技术骨干人员，在其薪酬结构中，除了设置固定薪酬部分和当期激励薪酬外，还要有股票期权、股票增值权、虚拟股票等激励。一般情况下，在高级管理人员的薪酬结构中长期激励部分占比较大，中级管理人员的长期激励部分占比较小，一般员工的长期激励部分占比更小。企业中不同人员的薪酬结构如图4-4所示。

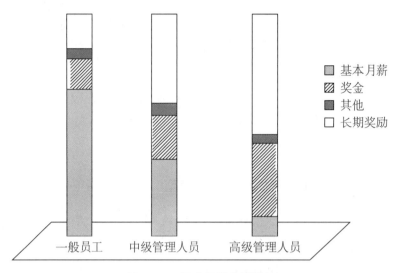

图4-4　不同人员的薪酬结构

三、薪酬结构模型实例

1.销售人员的薪酬结构模型

销售人员有别于一般管理人员和生产人员，他们的工作时间自由，完全以销售业务作为核算薪酬的标准。

销售人员的薪酬结构模型比较简单，不同的企业可以有不同的选择。常见的销售人员薪酬结构模型包括纯基本工资制、基本工资＋奖金、基本工资＋业务提成、基本工资＋业务提成＋奖金、纯业务提成五种，如表4-10所示。

表4-10　销售人员的薪酬结构模型

模型	底薪	业务提成	奖金	福利	缺点	优点
纯基本工资制	A	0	0	V	完全没有激励性	员工收入稳定，有一定保证
基本工资＋奖金	A	0	B	V	激励性不强	员工收入稳定且有一定激励性
基本工资＋业务提成	A	N%×业务量	0	V	—	员工收入稳定且有较强激励性
基本工资＋业务提成＋奖金	A	N%×业务量	B	V	—	员工收入稳定且有较强激励性，员工有企业归属感
纯业务提成制	0	N%×业务量	0	V	员工收入没有保证	激励性非常强

注：A=有，B=按一定比例发放，V=与其他员工同等，N=企业制定的提成比例

小提示

　　企业决定采用哪一种薪酬结构模型，应明白该策略的意义和需要达成的目标是什么，同时还要考虑对薪酬总额的控制。

2.生产人员的薪酬结构模型

　　生产人员的薪酬结构模型通常包括：计时制、计件制及计效制。

　　计时制又可分为简单计时制和差别计时制，计件制也可分为简单计件制和差别计件制。如表4-11所示。

表4-11　生产人员的薪酬结构模型

序号	模型	计薪方式
1	简单计时制	月薪或工作天数 × 日薪
2	差别计时制	工作天数 × 日薪+加班小时数 × 时薪
3	简单计件制	产量 × 计件单价
4	差别计件制	标准产量 × 计件单价1+超额产量 × 计件单价2
5	计效制	完成标准产量部分的基本薪酬+超额奖金

　　说明：计件单价1表示该员工在核定产量数内完成每件产品的工资。产品生产单价2表示超额完成部分每件产品的工资。

3.管理人员的薪酬结构模型

　　大多数企业管理者的薪酬结构模型都具有战略性和挑战性。通常高级管理者（决策者、职业经理人、高级经理等）实行高难度经营目标基础上的高额年薪制，而一般管理人员则实行业绩评价基础上的月薪制。与月薪制相比，年薪制不仅能体现高级管理人员的经营管理能力和价值，也体现目前人力资源商品化与管理人才价值凸显的发展趋势。

4.技术人员的薪酬结构模型

　　技术人员是指组织内部那些因具备相应资质和能力而被安排到特定技术岗位工作的人员（比如生产工程师、品质工程师、网络工程师等）。通常技术人员的薪酬结构模型有两种设计方法，第一种是以职称高低为主要依据的职称评定法，第二种是以内部层级为主要依据的评聘分离法。

　　按评聘分离法建立技术人员薪酬结构模型的基础包含以下两个方面。

① 打破职称等级制度。

② 建立满足企业需要的技术人员层级关系并实行聘用制度。

表4-12是某企业技术人员的层级关系图，该企业的经营范围包括通信产品的研发、生产、销售并提供技术支持服务，因此在一些非技术部门（生产部、工程服务部等）也安排了大量技术人员。

表4-12 某企业技术人员的层级关系图

层级	技术部		生产部		工程服务部	
	管理线	技术线	管理线	技术线	管理线	技术线
B1						
B2						
B3	经理				经理	
B4			经理			
B5						
B6						
C1						
C2						
C3		高级工程师				高级工程师
C4						
C5						
C6	主任	主任工程师	主任	主任工程师	主任	主任工程师
D1						
D2						
D3		技术工程师				客服工程师
D4						
D5						
D6	管理员	技术员	管理员	技术员	管理员	技术员
E1						
E2						
E3	文员		文员		文员	
E4						
E5						
E6	员工		员工		员工	

四、薪酬结构设计的步骤

薪酬结构设计的步骤如图4-5所示。

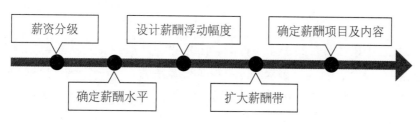

图4-5　薪酬结构设计的步骤

1.薪资分级

如果企业规模较大，拥有数百甚至上千的工作岗位，就应该将困难程度、重要性、责任及性质相似的岗位归入各种薪酬等级。

薪酬等级数量的确定是一个重要决策。薪酬等级数量的多少并没有绝对标准，但若级数过少，员工将感到难以晋升，缺少激励的效果。相反，级数过多，会增加管理的困难与费用。决定薪酬级数时，还要考虑图4-6所示的因素。

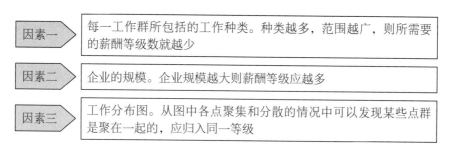

图4-6　决定薪酬级数时应考虑的因素

2.确定薪酬水平

确定薪酬水平，通常要经过以下两个步骤。

（1）绘制散布图

在确定薪酬水平之前，先要清楚企业现行的薪酬水平，散布图横轴代表岗位评价分数点，纵轴代表薪酬水平。

为了更易于观察，可以画出薪酬趋势线，它代表企业各岗位价值与薪酬的关系。若要使结果精确，可利用最小二乘法计算出趋势线的方程，其公式如下所示。

$$Y=a+bx$$

式中：Y——代表薪酬水平；

　　　x——代表岗位评价分数点；

a——代表基本薪酬；

b——代表薪酬增长率。

当然，并不一定用直线来表示，用曲线有时更符合各点的走势。

（2）比较薪酬

从散布图中HR可以看到企业现行的薪酬水平，然后将企业的薪酬水平与市场薪酬调查的结果相比较，目的是确保薪酬具有外部竞争力。

HR可以依据调查结果绘制出市场薪酬趋势线，并将企业薪酬趋势线与其绘入同一个坐标系中加以比较，如图4-7所示。

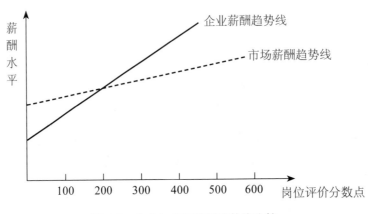

图4-7　企业与市场薪酬趋势线比较

由上图可知，企业薪酬趋势线与市场薪酬趋势线间存在差异，较低级岗位的薪酬水平较市场薪酬水平低，而较高级岗位的薪酬水平较市场薪酬水平高。

因此，要适当调高低级岗位的薪酬，同时适当调低高级岗位的薪酬，但强行降低薪酬，对员工的工作热情打击很大。通常采取暂时冻结薪酬或减缓薪酬增加幅度的方法，使偏高的薪酬在一段时期内回归到市场平均水平，还可以通过增加员工的工作量，提高员工工作效率的方式，使偏高的薪酬合乎经济效率原则。当然，调整工作还要考虑企业的薪酬策略，看企业是愿意按照市场水平支付薪酬，还是愿意维持现行的薪酬制度，或是愿意支付高于市场水平的薪酬以吸引或留住优秀的员工等。

3.设计薪酬浮动幅度

设计薪酬浮动幅度通常包括以下三步。

（1）划分等级

把薪酬基本相同的不同岗位归在一起称为一个等级。

（2）确定薪酬浮动幅度

薪酬政策线与每一等级薪酬中位线的交点就是这一等级薪酬浮动幅度的中点（如

图4-8所示）。浮动幅度的中点通常称为控制点。这一点的薪酬水平符合受到良好培训员工所需要的薪酬，而且使员工对在此岗位等级工作感到满意，各等级薪酬浮动的幅度，一般在10%～120%。不同岗位的浮动幅度不一样。

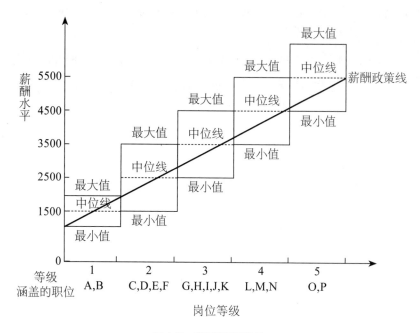

图4-8　薪酬等级结构

比如，高级管理岗位的浮动幅度通常为60%～120%；中级专业和管理岗位的浮动幅度为35%～60%；办公室文员和生产岗位，浮动幅度为10%～25%。

管理岗位浮动幅度比较大，反映了管理人员在决策和绩效方面有更多的机会。

一旦中点（取决于薪酬政策线）和浮动幅度（取决于判断）确定后，就可计算薪酬浮动的上限和下限了。

$$下限 = 中点 \div （100\% + 1/2 浮动幅度）$$
$$上限 = 下限 + （浮动幅度 \times 下限）$$

比如：

浮动幅度为30%，中点薪酬为3000元。

下限 = 3000元 ÷（100% + 1/2 × 30%）= 2608元

上限 = 2608元 +（0.3 × 2608元）= 3390元

当然，前面的公式假定浮动幅度是对称的（例如，中点距上下限的值相等）。

（3）薪酬等级交叉

工资等级交叉是指两个相邻薪酬等级有一些岗位的薪酬是相等或差别不大的情况。如果A和B是两个相邻的薪酬等级，B是较高的等级，则A与B的交叉程度为：

$$\frac{A等级上限-B等级下限}{A等级上限-A等级下限}\times100\%$$

例如，A等级的上限为4050元，下限为2950元，B等级的上限为4470元，下限为3260元。则两者交叉程度为（4050-3260）÷（4050-2950）×100%＝790÷1100×100%＝71.82%。

等级交叉会造成什么影响呢？如图4-9所示，图4-9（a）中相邻两个等级的交叉程度较大，中点之间的差距比较小，这表明等级中的岗位差别较小。在这种结构中，晋职不会引起薪酬发生太大的变化。

另一方面，图4-9（b）中，各等级薪酬浮动幅度较小，不同等级的中点差距较大，相邻等级之间的交叉程度较小，在这种结构中可以通过晋职，从而使薪酬大幅度提高。有时，等级差距要足够大，以激励员工去寻求提升或接受所需的必要培训。

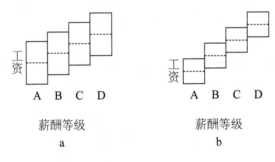

图4-9　等级交叉

4.扩大薪酬带

扩大薪酬带是指把薪酬结构中的几个等级重新划分为几个跨度范围更大的等级，即把4～5个传统的等级合并为一个只有上下限的等级，如图4-10所示。因为一个等级包含许多不同价值的岗位，各个薪酬等级的中点则不再适用。

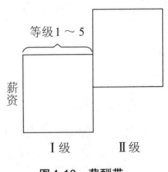

图4-10　薪酬带

薪酬浮动幅度和薪酬带的对比如表4-13所示。

表4-13　薪酬浮动幅度与薪酬带的对比

薪酬浮动幅度	薪酬带
• 在控制范围内较灵活	• 强调指导范围内的灵活性
• 适合相对稳定的组织	• 适合层级较少的组织
• 通过等级或岗位的晋升，业绩得到认可	• 职能的经验获得和横向开发
• 由中点控制，可作比较	• 参考市场薪酬率和浮动幅度
• 所有的控制都设计成制度	• 由预算控制，很少有制度
• 给管理者指导的自由	• 给管理者管理薪酬的自由
• 浮动幅度达150%	• 浮动幅度在100%～400%

HR在设计薪酬带时可按以下步骤来进行。

① 确定薪酬带的数目。有调查数据显示，中小企业一般使用4～8个薪酬带来确定薪酬。这些薪酬带之间通常有一个分界线，说明不同薪酬带对岗位、技能有不同的要求。人们通常用一些典型的岗位名称，例如，助理（新进入该岗位的员工）、专家（有经验的、有知识的员工）、专家组长（项目或部门主管）、资深专家，来区分每一个薪酬带，如图4-11所示。

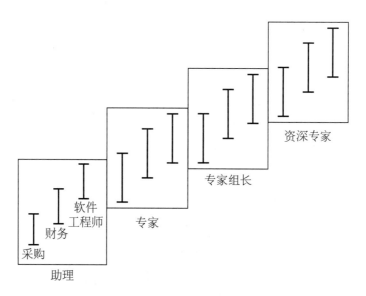

图4-11　薪酬带的名称

图4-11中包括四个薪酬带（助理、专家、专家组长、资深专家），每个薪酬带中都包含了不同职能部门的岗位，或者不同职类。如每个薪酬带中可能包含了财务、采购、工程，以及市场营销等职能部门的岗位。

② 确定薪酬带的价位。在每一薪酬带中的每个职能部门都有相应的市场薪酬率。如助理薪酬带中，不同职能部门（如采购、财务和工程）参照的市场薪酬率不同。因此，确定薪酬带价位必须确定每一薪酬带中每个职能部门的市场薪酬率参照标准。参

照的薪酬率应根据市场数据来确定，以反映竞争对手支付的薪酬情况。薪酬带的价位如图4-12所示。

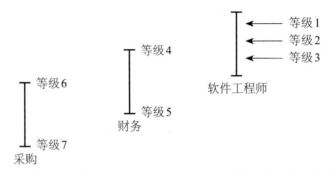

注：图中所示的1～7级是竞争对手支付给助理级的市场工资率，其他薪酬带价位以此为参照。

图4-12　薪酬带的价位

③ 薪酬带内横向岗位轮换。同一薪酬带中薪酬的增加与不同等级薪酬增加相似。在同一薪酬带中，鼓励不同职能部门的员工跨部门（如从采购到财务，从研发到系统设计）流动，以增强组织的适应性。因此，岗位轮换更可能是跨职能部门流动，而跨薪酬带流动如从A薪酬带到B薪酬带的则很少。

5.确定薪酬项目及内容

一般而言，企业的薪酬结构都是多元化的，包括岗位工资、年资（年龄工资）、加班工资、绩效工资、福利津贴等。很多企业甚至将薪酬结构划得很细，包含多个层次及多个项目。每个企业对薪酬概念的理解不同，所以对薪酬构成的划分也不尽相同。一般来说，企业的薪酬构成没有对错之分，只有优劣之分。企业的薪酬构成一般包含2～4个层次，如图4-13所示。

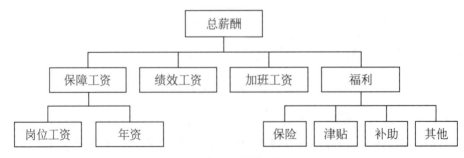

图4-13　薪酬构成

（1）岗位工资

岗位工资是员工薪酬构成中最基本也是最重要的单元，岗位工资是确定其他工资的基础，一般来讲，绩效工资、加班工资等都是以岗位工资为基础进行计算的。

通常来讲，岗位工资是相对稳定的，这种稳定会维持2～3年或者更长的时间，维持岗位工资的稳定有助于企业控制薪酬总额及日常薪酬管理。

（2）年资

年资是指随着员工工作年限增长而变动的薪酬部分。年资是对长期在企业工作的员工的一种报酬奖励形式，其目的是承认员工以往的劳动积累，激励他们继续为企业工作。年资是薪酬结构的辅助单元，一般企业对年资的设计也比较简单，通常采用递增法来设计年资。图4-14就是某企业年资设计方案。

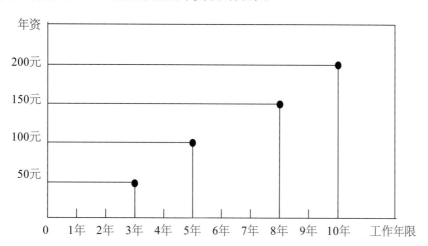

注：11年～15年：280元/年；16年～20年：380元/年；21～30年：500元/年，30年封顶。

图4-14 年资设计方案

（3）绩效工资

绩效工资是以对员工绩效的有效考核为基础，实现将工资与考核结果相挂钩的工资制度，它的理论基础就是"以绩取酬"。企业利用绩效工资对员工进行调控，通过对绩优者和绩劣者收入的调节，鼓励员工追求符合企业要求的行为，激发每个员工的积极性，努力实现企业目标。

（4）加班工资

一般将在法定节假日和公休日工作，称为加班；在标准工作日内的标准工作时间外进行工作，称为加点。但习惯把加班和加点统称为加班。加班工资是指企业因员工加班而支付的工资。

（5）福利

良好的福利对企业发展有非常重要的意义，它一方面可以吸引外部优秀人才，另一方面可增加企业凝聚力，提高员工士气。现在许多企业越来越清晰地认识到，良好的福利有时比高工资更能激励员工。为员工提供良好的福利是企业以人为本经营理念的重要体现，也是政府一直大力提倡的措施。

福利从性质上可分为强制性福利和非强制性福利两种，从员工属性上又可分为个人福利和公共福利两种。强制性福利是指国家法律法规明确规定的各种福利，包括养老保险、失业保险、医疗保险和工伤保险等。非强制性福利是企业为充分调动员工的积极性而主动设置的一些激励项目，虽然一些企业向员工提供的福利与员工的层级和岗位有关，但大多数员工都可享有其中一项或多项，这些项目包括住房津贴、交通津贴、电话津贴、外出旅游、餐费津贴和各种节假日的过节费等。

五、薪酬结构的调整

薪酬结构包括纵向结构和横向结构。纵向结构是指薪酬的等级结构，横向结构是指各薪酬要素的组合。纵向薪酬结构的调整有如表4-14所示的几种方法。

表4-14　纵向薪酬结构的调整方法

序号	方法	目的	说明
1	增加薪酬等级	细化岗位之间的差别，明确按岗位付薪的原则	增加薪酬等级的方法很多，关键是选择在哪个层次或哪类岗位上增加等级，是增加高层次岗位的薪酬等级，还是中、低层次岗位的薪酬等级，是增加管理人员的薪酬等级，还是一般员工的薪酬等级；增加以后，各层次、各类岗位之间是否还需要重新匹配，调整薪酬结构关系等
2	减少薪酬等级	"矮化"等级结构	目前的常见方法有延长薪酬等级线，减少薪酬类别，如由原有的十几个减少至三五个，在每种类别中设置更多的薪酬等级和薪酬标准，在各类别之间实现薪酬标准交叉
3	调整不同等级的人员规模和薪酬比例	通过等级人员的变动调整薪资	在薪酬等级不变的前提下，定期对每个等级的人员数量进行调整，即调整不同薪酬等级中的人员规模和比例。例如，降低或提高高薪人员的比例，调整低薪员工的薪酬比例

横向薪酬结构调整的重点是考虑是否增加新的薪酬要素。横向薪酬结构调整有两种方式，如图4-15所示。

图4-15　横向薪酬结构调整的方式

第三节　薪酬模式设计

企业薪酬模式的设计和确立不能笼统地套用一种模式，必须根据行业特征、各个职类的特征选择相应的薪酬模式。常见的薪酬模式有以下几种。

一、职务薪酬制

职务薪酬制是先对职务本身的价值做出客观评价，确定不同职务对实现企业目标的贡献，再根据评价确定担任该职务的员工的薪酬。职务是指同类项目或同类职位的归集。

企业在实施职务薪酬制时需要确定担任某一职务的员工其能力和贡献与该职务相匹配。

职务薪酬制要求管理者必须严格、客观地分析职务，并在此基础上划分职务等级。在职务薪酬制下，每个职务的职级数是有限的，经过若干次薪酬提升后，便会达到本职务的最高限额，这时员工只有通过职务晋升才能获得提薪。在职务薪酬制下，员工的薪酬由其职务决定，客观性较强。职务薪酬制的优缺点如图4-16所示。

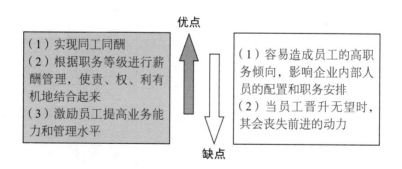

优点

（1）实现同工同酬
（2）根据职务等级进行薪酬管理，使责、权、利有机地结合起来
（3）激励员工提高业务能力和管理水平

（1）容易造成员工的高职务倾向，影响企业内部人员的配置和职务安排
（2）当员工晋升无望时，其会丧失前进的动力

缺点

图4-16　职务薪酬制的优缺点

二、职能薪酬制

职能薪酬制是根据员工的工作能力决定其薪酬水平的制度。其特点如图4-17所示。职能薪酬制适用于组织结构扁平的公司。

01	突出工作能力对个人薪酬水平的决定作用
02	职能等级数目较少，便于管理
03	需要较为完善的培训和考核制度
04	适应性强，弹性比较大

图4-17　职能薪酬制的特点

三、绩效薪酬制

绩效薪酬制是将薪酬与特定绩效目标联系起来的薪酬模式，其实质是降低薪酬结构中的固定成分，提升可变成分比例。对员工来说，实施绩效薪酬制的好处是可以增加自己的现金净收入。

1.绩效薪酬分类

绩效薪酬的划分标准不尽统一，例如，按照绩效评估的方法，可以将绩效薪酬分为个人特征薪酬、成就薪酬、激励薪酬、特殊绩效薪酬等，它们的区别见表4-15所示。

表4-15　绩效薪酬的主要形式及类别划分

绩效薪酬形式	对应的绩效表现	对应的评估方法	典型薪酬种类
个人特征薪酬	员工个人特征	特征法	技能与知识薪酬 能力薪酬
成就薪酬	员工个人行为	绩效排序法、行为比较法	成就工资 成就奖金
激励薪酬	员工工作实际结果	结果绩效法	个人层激励、群体层激励、公司层激励，包括收益分享、利润分享、股票期权等
特殊绩效薪酬	周边绩效	周边绩效行为评定法	特殊绩效认可计划（包括货币和非货币形式）

2.绩效薪酬制的优点

绩效薪酬制的优点，如图4-18所示。

国际期权市场协会曾调查企业采用绩效薪酬制的原因，从调查结果中可以看出企业认可绩效薪酬制的主要原因，如图4-19所示。

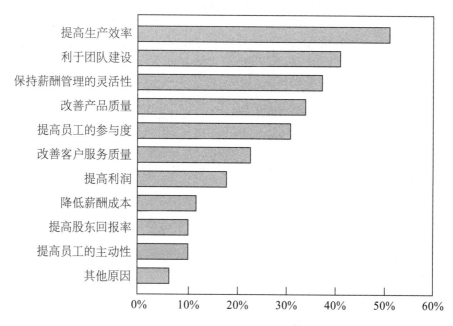

个人层面

绩效薪酬制将薪酬与员工绩效紧密联系起来，使企业的薪酬支付更具客观性和公平性

组织层面

将绩效与薪酬相结合能够使企业的薪酬水平更具市场竞争性；将人力资源成本区分为可变和固定两部分，有利于减轻企业的成本压力

图4-18　绩效薪酬制的优点

图4-19　企业采用绩效薪酬制的主要原因

3.绩效薪酬制的缺点

绩效薪酬制的缺点主要体现在图4-20所示的几个方面。

缺点一　在绩效标准不公正的情况下，绩效薪酬制可能会流于形式

缺点二　如果过分强调个人绩效回报，会对企业的团队合作精神产生不利的影响

缺点三　难以确定提高绩效水平所需要的薪酬成本

缺点四　绩效薪酬制对企业的人力资源管理工作比较依赖，如果没有相关的政策支持，其效果很难得到发挥

图4-20　绩效薪酬制的缺点

4.实施绩效薪酬制的步骤

企业实施绩效薪酬制主要分四个步骤，如图4-21所示。

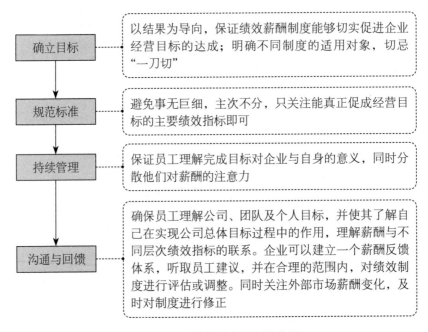

图4-21　实施绩效薪酬制的步骤

四、市场薪酬制

市场薪酬制是企业根据市场平均薪酬水平确定自身的薪酬水平，同时根据地区及行业薪酬调查结果确定岗位的具体薪酬水平的薪酬模式。企业应依据自身的盈利状况和人力资源策略，确定采用高于、等于或低于市场的薪酬水平。

市场薪酬制主要强调按外部市场各类人员的薪酬水平确定本企业各职位的相对价值。

1.市场薪酬制的特点

市场薪酬制是从经济学的角度分析员工薪酬问题，市场供求关系决定价格的基本规律也适用于劳动力市场，人才资源的稀缺程度在很大程度上决定了其薪酬水平的高低。

2.市场薪酬制的适用范围

就行业而言，市场薪酬制适用于人才流动频繁、竞争性强的行业；就岗位而言，市场薪酬制适用于需要专业技术、可替代性比较强的岗位。

3.市场薪酬制实施的要点

一，企业要有一定的岗位管理基础。如果不能界定岗位职责或技能等级，就很难与外部市场上标准的岗位薪酬水平进行比较。

二，企业要进行市场薪酬调查。市场薪酬调查可以为企业薪酬结构调整设计和薪资构成设计提供依据和方向。企业可通过查询一些政府公开的信息来获得数据。比如利用当地的人力资源和社会保障部的官方网站或者一些政府网站发布的人力资源数据信息；也可通过企业间合作调查来获得数据；还可通过外部招聘市场的调查或是面试时了解到一些其他企业的薪酬信息。

4.市场薪酬制的优缺点

市场薪酬制的优缺点如图4-22所示。

（1）企业可以通过薪酬策略吸引和留住关键人才
（2）企业可以调整那些可替代性强的员工的薪酬水平，从而节省人工成本，提高企业竞争力
（3）"参照市场定工资"这一原则更容易让员工接受，降低员工对薪酬制度的不满

（1）要求企业具有良好的发展能力和盈利水平
（2）员工须了解外部市场的薪酬水平，才能认同市场薪酬制度。市场薪酬制对市场薪酬数据的客观性提的要求很高
（3）如果完全按市场水平付酬，企业员工的薪酬差距就会很大，会影响企业团队建设

图4-22　市场薪酬制的优缺点

五、年薪制

年薪制是指以年为计时单位结算和计发报酬的薪酬模式，属于计时工资范畴。对于难以在短期（如小时、日、周或月）内准确考核其工作业绩的工作人员，如中高层管理者，企业可以通过实行年薪制，使其工资收入同贡献紧密联系起来，以激励其工作的积极性。

1.年薪制的主要对象

年薪制的主要对象是企业中高层管理人员。

2.年薪的构成

年薪一般由五部分构成，如表4-16所示。

表4-16 年薪的构成

序号	构成部分	说明
1	薪水	为固定收入，基本职能是满足员工个人及家庭的基本生活开支。薪水不是绝对不变的，应根据员工的工作年限和工作表现等做适当调整
2	奖金	对员工短期经营业绩（1～2年）的奖励，为非固定收入部分，一般占总收入的25%
3	长期奖励	时间为3～5年，占总收入的35%左右，企业通常以股票期权的形式支付给员工
4	福利	主要是企业为员工提供的休假和各种保险待遇等
5	津贴	主要是企业为员工提供的良好办公和生活条件等

近年来，企业薪酬分配的基本趋势是减少基本收入的占比，增大短期或长期奖金的占比。

在确定经理人的年薪时，企业通常采用图4-23所示的三种方式。

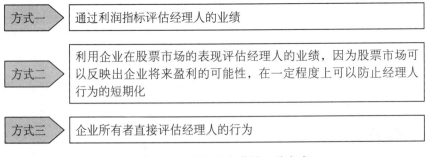

图4-23 确定经理人年薪的三种方式

3.年薪制的五种模式

年薪制有准公务员型、一揽子型、非持股多元化型、持股多元化型和分配权型等五种模式，其报酬结构、报酬数额、定薪依据、使用对象、适用企业及激励作用等如表4-17所示。

表4-17　年薪制的五种模式

模式		准公务员型	一揽子型	非持股多元化型	持股多元化型	分配权型
报酬结构		基薪+津贴+养老计划	单一固定数量结构年薪	基薪+津贴+养老计划+风险收入（效益收入和奖金）	基薪+津贴+养老计划+风险收入（以股权、股票期权等形式体现）	基薪+津贴+风险收入（以分配权、期权形式体现）+养老金计划
报酬数额		取决于企业的性质、规模，以及高层管理人员的行政级别，一般的基薪应该为员工平均工资的2～4倍，正常退休后的养老金水平应该为平均养老金水平的4倍以上	相对较高，和年度经营目标挂钩	相对较高	一般基薪应该为员工平均工资的2～4倍，风险收入以员工平均工资作为参照。企业市场价值的大幅升值，会使经营者得到巨额财富	基薪取决于企业经营难度，一般基薪应该为员工平均工资的2～4倍，但以"分配权""分配权"期权形式体现的风险收入取决于企业利润率之类的经营业绩，无法以员工平均工资作为参照，故没必要进行封顶。只有在确定风险收入的考核指标时才需要列入员工工资的增长率
定薪依据		政策目标是否实现、任务是否完成	十分明确具体，如减亏额、利润额，销售收入等	确定基薪时要参照企业的资产规模、员工人数等指标，确定风险收入时要考虑净资产增长率、实现利润增长率、销售收入增长率、员工工资增长率等指标，还要参考行业平均效益水平	同左	确定基薪时要参照企业的资产规模、员工人数指标，确定风险收入时，要考虑净资产利润率之类的企业绩效指标

续表

模式	准公务员型	一揽子型	非持股多元化型	持股多元化型	分配权型
使用对象	董事长、总经理、党委书记、临近退休年龄的高层管理人员等	针对经营者一人，如总经理或兼职董事长	一般意义上的国有企业经营者，如总经理或兼职董事长	一般意义上的国有企业经营者，如总经理或兼职董事长	一般意义上的国有企业经营者，指总经理或兼职董事长，其他领导班子成员的报酬可通过不同数量的分配权或期权来体现
适用企业	承担政策任务的大型、特大型国有企业，尤其是对国民经济具有特殊战略意义的大型集团公司，控股公司	面临亟待解决的特殊问题的企业，如亏损的国有企业，要想扭亏为盈可采用这种招标式的办法，激励经营者	追求企业效益最大化的非持股企业	股份制企业，尤其是上市公司	不局限于股份制企业，可在各类企业中实行
激励作用	职位晋升机会、较高的社会地位和稳定的生活保证是主要的激励来源，而退休后更高的生活水准可以起到约束其短期化行为的作用	具有招标承包式的激励作用，激励作用很大，但易引发短期行为。其激励作用有效发挥在很大程度上取决于考核指标的科学性、准确性	如果不存在风险收入封顶之类的限制，且考核指标选择准确，该方案更具有激励作用。但缺少激励经营者长期行为的作用，有可能影响企业的长期发展	从理论上说，这是一种有效的报酬激励方案，但该方案的操作相对复杂，对企业的要求也相对苛刻	把股权、股票期权的激励机制引入到非上市公司或非股份制企业中，扩大其适用范围。这是一种理论创新，其效果还有待实践检验

第五章

绩效考核管理

　　绩效考核管理是为了实现生产经营目的，运用特定的标准和指标，采取科学的方法，对工作实绩做出价值判断的过程。绩效考核管理是企业管理中不可或缺的一部分，它能够帮助企业评估员工的工作表现，制定合理的奖惩政策，以提高企业的竞争力和生产效益。

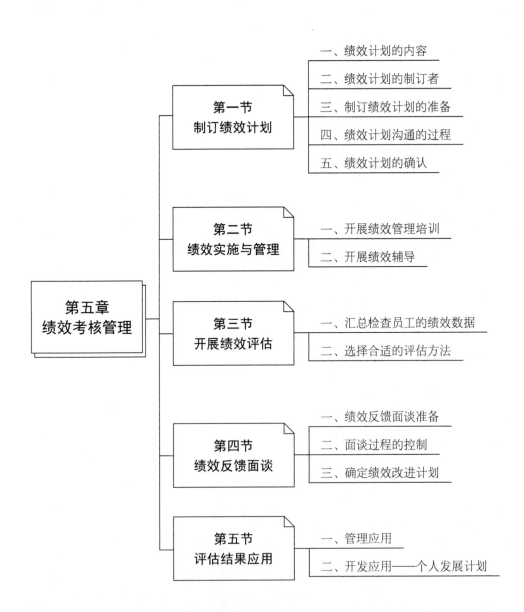

第五章
绩效考核管理

第一节
制订绩效计划

一、绩效计划的内容

二、绩效计划的制订者

三、制订绩效计划的准备

四、绩效计划沟通的过程

五、绩效计划的确认

第二节
绩效实施与管理

一、开展绩效管理培训

二、开展绩效辅导

第三节
开展绩效评估

一、汇总检查员工的绩效数据

二、选择合适的评估方法

第四节
绩效反馈面谈

一、绩效反馈面谈准备

二、面谈过程的控制

三、确定绩效改进计划

第五节
评估结果应用

一、管理应用

二、开发应用——个人发展计划

第一节 制订绩效计划

制订绩效计划，是指由管理者和员工根据既定的绩效标准共同制订、修正绩效目标及实现目标的计划的过程。绩效标准是指从事特定职务工作的员工在工作中应达到的各项基本要求。绩效目标是指企业在绩效标准的基础上，综合考虑员工现有的绩效水平后对员工提出的具体要求。

一、绩效计划的内容

绩效计划包括两个方面的内容，即做什么和如何做，具体为以下几点。

① 员工在绩效考核期间的主要工作内容和职责是什么，应达到何种效果。

② 员工在绩效考核期间应如何分阶段地实现各种目标，从而实现整体工作目标。

③ 员工在完成工作任务的过程中应拥有哪些权利，具有哪些决策权限。

④ 员工从事该工作的目的和意义是什么，工作的重要性如何排序。

⑤ 管理者和员工如何沟通工作的进展情况，并防止出现偏差。

⑥ 为了完成工作任务，员工是否有必要接受某一方面的培训或通过自主学习掌握某种工作技能？

二、绩效计划的制订者

绩效计划应该由HR、管理者和被管理者共同制订。

① HR负责设计绩效标准的框架，指导帮助管理者和被管理者围绕组织目标来制订绩效计划。

② 管理者和被管理者一起按照绩效标准的框架，通过沟通来制订具体的个人绩效计划。

③ 在绩效计划制订过程中，管理者起主导作用，被管理者起辅助作用，重要的是二者要进行充分沟通。

三、制订绩效计划的准备

1.收集信息

① 关于企业的信息。在制订绩效计划前，管理者与被管理者需要回顾企业目标，保证双方都熟悉企业的各项目标。

② 关于部门和团队的信息。每个部门和团队的目标都是企业的整体目标分解下来的。如企业的经营型指标可以分解到生产、销售等部门，业务支持部门的工作目标也必须与企业的经营目标紧密相连。

比如，某企业的总体经营目标是：

——将市场占有率提高到50%以上；

——提高消费者的品牌忠诚度；

——不断提高产品性能；

——把产品合格率提高到99%以上；

——降低产品成本。

③ 关于员工的信息。员工的信息主要包括两个方面，所在岗位工作描述的信息，以及员工在上一个绩效考核期间的绩效评估结果。

2.沟通方式和环境的准备

（1）确定沟通方式

在沟通绩效计划时，管理者采用何种沟通方式来保证双方对绩效计划的内容达成共识，需要考虑不同的因素，如企业文化、员工特点，以及所要达到的绩效目标的特点。如果管理者希望借沟通绩效计划的机会给全体员工做一次培训，使全体员工了解企业的发展前景和战略目标，以激发团员士气，就可以召开员工大会。如果绩效目标需要一个部门或团队的员工密切合作才能够完成，就可以召集部门或团队的员工一起讨论，明确每个人在实现目标过程中的分工，这有助于成员间的协调配合，通过讨论还可以提前发现工作中可能存在的问题。如果是员工个人的工作目标，就可以采取单独沟通的方式。

（2）沟通环境的准备

沟通绩效计划前，管理者和被管理者应该选择一个双方都空闲的时间和空间，在沟通的时候尽可能避免受到干扰。沟通的氛围要尽可能轻松，不要使被管理者感受到太大的心理压力。

四、绩效计划沟通的过程

绩效计划沟通的过程，如图5-1所示。

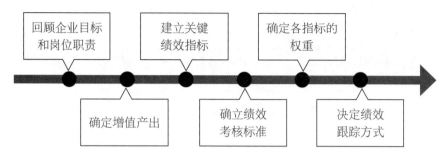

图5-1 绩效计划沟通的过程

1.回顾企业目标和岗位职责

① 本考核期内，企业的工作目标是什么？

② 员工在本考核期内要完成的工作目标是什么？

③ 员工应该在什么时候完成这些工作目标？

④ 员工在本考核期内的工作职责是什么？

2.确定增值产出

① 员工有哪些日常性工作任务？

② 员工有哪些专项工作任务？

③ 这些任务应该达到什么结果？

④ 员工在工作过程中应表现出哪些典型工作行为？

3.建立关键绩效指标

从数量、质量、费用和时间四个方面界定并量化绩效指标。

4.确立绩效考核标准

① 定量化标准。绩效指标应当尽量建立定量化标准。

② 行为描述性标准。对于难以建立定量化标准的工作，应采用行为锚定法建立可观察、可度量的典型行为系列，以此作为绩效评估标准。

制定绩效考核标准的方式有以下四种，如图5-2所示。

方式一	管理者先拟订绩效考核标准，然后与员工沟通，达成协议
方式二	员工先拟订绩效考核标准，管理者据此进行修订和调整
方式三	管理者和员工分别拟订绩效考核标准草案，然后共同讨论，最后达成共识
方式四	让第三方（咨询顾问公司或本公司人力资源管理人员）召集会议，管理者、员工、第三方共同制定绩效考核标准

图 5-2　制定绩效考核标准的四大方式

5.确定各指标的权重

① 以百分数的方式划分任务权重。

② 以5%或10%作为权重的刻度。

6.决定绩效跟踪方式

决定绩效跟踪方式时应考虑以下问题。

① 需要收集哪些信息？

② 需要收集的信息有多少？

③ 什么时候收集信息？

④ 谁去收集信息？

⑤ 谁会收到这些信息？

五、绩效计划的确认

管理者与被管理者共同确定绩效计划（安排）的要点，填写绩效计划书，管理者与被管理者都要在绩效计划书上签字，绩效计划书一式两份，管理者与被管理者各自保留一份，绩效计划书既是被管理者在未来绩效周期内的工作指南，又是管理者对被管理者的工作表现进行监督、检查与评定的重要依据。

第二节　绩效实施与管理

制订的绩效计划，只有得到贯彻落实和有效实施，才能达到制订计划的目的。这就需要HR做好绩效管理培训与绩效辅导，以确保绩效考核工作顺利实施。

一、开展绩效管理培训

为了有效实施绩效管理，绩效管理培训工作必不可少，这是因为员工如果对绩效管理工作存在认识上的偏差和误解，势必会影响绩效管理的实施效果。

绩效管理培训的内容如表5-1所示。

表5-1　绩效管理培训的内容

序号	培训课程	课程目的	课程说明
1	绩效管理介绍	本课程概要性地讲解绩效管理的过程。通过举一些企业中的案例让员工了解绩效管理的目的和过程，消除员工的紧张和焦虑情绪	课前要发给员工一份绩效管理手册，内容包括：什么是绩效管理，绩效管理的方法和提供的信息有什么作用，企业用什么样的程序来保证绩效管理的客观性和准确性，绩效管理工具都有哪些
2	绩效评估	本课程主要是让员工了解影响绩效评估准确性的因素，包括绩效评估方法的选择、工作描述的准确性和绩效标准设定的问题等	参加培训的人员一般为绩效管理评估人员（主要是管理人员）这一课程最重要的内容是讲述绩效评估中的偏差。讲师可使用角色扮演、案例分析、播放录像等方法使学员认识到光环效应、趋中误差、首因效应、对比效应等，以及避免误差的方法，使评估者了解自己在绩效管理操作过程中的影响，以便更好地实施绩效管理
3	关键绩效指标	本课程主要是让员工了解以下内容 （1）关键绩效指标的定义、内容，如何设定关键绩效指标 （2）设定关键绩效指标的重要性 （3）关键绩效指标的SMART[S（specific）明确的，M（measurable）可衡量的，A（attainable）可达到的，R（relevant）有相关性的，T（timebound）有时限的] 原则 （4）如何绘制客户关系示意图和定义工作产出 （5）设定关键绩效指标和标准	设定关键绩效指标是绩效管理工作的基础，讲师将与员工讨论和分享目前绩效指标设定中的问题。通过具有操作性的活动让学员学会运用客户关系示意图来定义工作产出和关键绩效指标
4	绩效评估工具	本课程主要是让员工了解以下几方面内容 （1）绩效评估中常用的工具，如何正确使用这些评估工具 （2）评估工具的设计环节 （3）如何将被评估者的行为对应到评估量表中 （4）了解不同评估者评估的差异	本课程通过讲解、练习等方法使评估者正确掌握评估工具的使用方法，并了解自己对评估结果的影响

序号	培训课程	课程目的	课程说明
5	绩效反馈面谈	本课程主要是让员工了解以下内容 （1）如何有效地准备绩效反馈面谈 （2）列出绩效反馈面谈中要讨论的事项 （3）预计绩效反馈面谈的时间	本课程通过讲解、练习等方法使评估者了解如何正确准备绩效反馈面谈，了解在面谈中可能出现的问题，以及如何规划面谈各个环节的时间等
6	实施绩效反馈面谈	本课程主要是让员工了解以下内容 （1）如何有效地实施绩效反馈面谈，提高面谈技巧 （2）有效的和无效的绩效反馈面谈的区别 （3）非语言行为在绩效反馈面谈中的作用 （4）掌握控制面谈过程的技巧，使之不偏离预期的轨道	本课程通过讲解、练习等方法使评估者掌握实施绩效反馈面谈的各种技巧，例如，如何建立双向沟通关系，如何利用非语言交流，如何控制谈话的方向等
7	绩效改进	本课程主要是让员工了解以下内容 （1）绩效管理中出现的问题和障碍，以及怎样克服它们 （2）员工在绩效管理方面存在的知识和技能、兴趣、动机、努力程度等方面的问题 （3）绩效管理中出现的各种问题，以及给予督导和帮助的方法	对于一名合格的主管和评估者来说，教导和咨询技能是必备的基本技能。讲师将帮助评估者了解员工在绩效方面存在问题及其可能的原因，以及如何给下属提供一些教导和帮助

二、开展绩效辅导

绩效辅导是管理者与员工讨论有关工作进展情况、潜在的障碍和问题、解决问题的办法，员工取得的成绩及存在的问题，管理者如何帮助员工等信息的过程。它贯穿于绩效管理的全过程。

1.绩效辅导的作用

绩效辅导的作用在于能够前瞻性地发现问题并在问题出现之前解决，对实施绩效计划的过程进行有效管理，具体表现为以下几点。

① 方便管理者了解员工工作的进展情况，以便及时进行调整。

② 方便管理者了解员工在工作时遇到的障碍，以便发挥自己的作用，帮助员工解决困难，提高绩效水平。

③ 可以避免在考核时发生意外。

④ 帮助管理者掌握一些考核时必需的信息，使考核具有目的性和说服力。

⑤ 帮助员工协调工作，使之更加有信心做好本职工作。

⑥ 提供员工所需要的信息，让员工及时了解工作上的改变，以便和管理者步调一致。

2.绩效辅导的分类

绩效辅导可以分为两类，一类是管理者为员工提供技能和知识支持，帮助员工纠正错误的行为；另一类是管理者为员工提供职权、人力、财力等资源支持，帮助员工获取必要的资源。

① 纠正员工错误的行为。在员工的行为出现错误或者发生偏离目标时，管理者要及时进行纠正。当员工能自己履行职责，按计划开展工作且没有偏离目标时，管理者就应该放手让他们进行自我管理。

② 提供资源支持。员工由于自身职能和权限的限制，在某些时候可能会遇到资源调度方面的困难，此时，管理者应向员工提供必要的资源支持，协助其完成工作任务。

3.绩效辅导对管理者的要求

绩效辅导贯穿于绩效管理的全过程，因此管理者应该了解以下几个问题。

① 员工的工作进展情况如何？

② 员工在哪些方面做得好？

③ 员工有哪些方面需要得到进一步改善和提高？

④ 员工是否正在朝着既定的绩效目标前进？

⑤ 为使员工更好地完成绩效目标，需要做哪些改善工作？

⑥ 在提高员工的知识、技能和经验方面，管理者需要做哪些工作？

⑦ 是否需要对员工的绩效目标进行调整，如果需要，该怎样调整？

⑧ 与员工在哪些方面达成了一致？

⑨ 需要在哪些方面与员工做进一步的沟通探讨？

4.绩效辅导的沟通

员工和管理者需要在绩效实施的过程中进行持续不断的沟通，从中获得对自己有用的信息。

绩效管理的沟通方式一般有书面报告、会议沟通和一对一面谈沟通等。每种沟通方式都有自己的优点和缺点，管理者在选择时可依当时的情景决定。

第三节　开展绩效评估

在绩效评估阶段，管理者要依据绩效计划阶段确立的目标和辅导阶段收集的数据来评估员工在考核期内的绩效水平。

一、汇总检查员工的绩效数据

绩效评估的第一步是汇总检查员工的绩效数据（见表5-2）。检查的目的是保证数据的质量，管理者应当确认有关绩效的数据是否准确、完整，以及适用性如何，如果发现数据中有不符合要求的地方，或者仍需要进行证实的地方，管理者要把这些数据和通过另一种渠道（如工作样本分析、错误报告、投诉记录、管理者反馈等）收集的数据进行对比，以判断数据的准确性和可信性。

表5-2　员工绩效数据统计

序号	被考核部门	绩效数据	数据来源	数据提供部门/岗位
1	销售部	销售业绩	财务报表	财务部
2		售价比	财务报表	财务部
3		增加的新客户数	财务报表	财务部
4		客户满意率	客户满意度调查表	销售部助理
5	工程部	新产品开发数	新产品确认单	销售部
6		样品制作及时率	样品制作申请单	销售部
7		完成标准产品作业指导书份数	文件发行记录	生产部
8		设备保全完成率	设备点检保养记录表	生产部
9	PMC部①	仓库账物卡准确率	库存盘点表	财务部
10		订单达成率	订单达成统计表	商务组
11		库存周转率	库存统计表	财务部
12	仓储组	仓库账物卡准确率	库存盘点表	财务部
13		备料及时率	发料表	生产部
14		单据审核及时率	单据审核统计表	财务部

序号	被考核部门	绩效数据	数据来源	数据提供部门/岗位
15	采购部	物料准交率	月度物料准交报表	PMC 部
16		采购物料的合格率	品质月报表	品质部
17		主要供应商现场考察与评估次数	评估表	品质部
18	生产部	生产效率	生产日报表	生产文员
19		制损率	领料单	财务部
20		生产计划达成率	生产计划表	PMC 部
21		成品合格率	品质月报表	品质部
22		制程合格率	品质月报表	品质部
23		安全事故次数	工伤事故报告单	行政部
24	品质部	异常工时占比	异常工时统计表	生产部
25		检验计划达成率	品质月报表	品质部
26		品质异常纠正预防措施完成率	纠正预防报告汇总表	品质部
27		开展供应商品质辅导次数	供应商辅导计划	采购部
28	行政部	管理费用率	管理费用分析报告	行政部
29		员工伙食满意率	伙食满意度统计表	行政专员
30		招聘达成率	招聘达成率统计表	人力资源助理
31		员工流失率	人力资源月报表	人力资源助理
32	财务部	财务报表编制及时率	财务报表	财务部
33		财务报表数据的准确率	财务报表	财务部
34		财务分析准确率	财务分析报告	财务部
35	全体部门	各部门制度的制定及发行数	文件发行记录表	文控文员
36		培训计划达成率	培训记录表	行政部
37		5S管理	5S检查统计表	行政部

① 生产物料控制部。

二、选择合适的评估方法

评估的第二步是在确认数据充分且没有错误后，根据这些数据对员工的绩效完成情况进行评估。管理者应根据员工不同的工作特点和情况采取不同的评估方式。评估时要保证重要的指标没有遗漏，评价标准与工作绩效紧密相关，评价的过程公正有效。

第四节　绩效反馈面谈

在最终的绩效评估结果生效之前，管理者还须与员工就评估结果进行面对面讨论。面谈的主要目的是确保管理者和员工对绩效评估结果达成共识，并使员工接受绩效评估结果。

一、绩效反馈面谈准备

绩效反馈面谈前，管理者最重要的工作就是准备相关数据并做好分析，也就是要求管理者在面谈前一定要进行绩效诊断。

1.管理者应做的准备

绩效反馈面谈前，管理者应做的准备工作如表5-3所示。

表5-3　管理者应做的准备工作

序号	准备事项	详细内容
1	选择适当的时间	（1）和员工约定一个双方都比较空闲的时间。切记，不要选择接近下班的时间 （2）计划好面谈将要花费的时间。这样有利于把握面谈反馈的进度，确保双方的工作安排不受影响
2	选择适当的地点	（1）可以选择办公室、小型会议室或咖啡厅等休闲地点 （2）注意安排好与员工之间的空间距离和位置。距离太近，会让员工产生压抑感；距离太远，会使沟通双方无法清晰地获取信息
3	准备面谈评估资料	（1）充分了解被面谈员工过去和现在的情况，包括其教育背景、家庭环境、工作经历、性格特点、职务，以及业绩情况等 （2）面谈所需的资料，包括员工绩效评估表、员工日常工作表现的记录等
4	计划好面谈的程序	（1）计划好如何开始。管理者采取什么样的开场白取决于具体的谈话对象和情境 （2）计划好面谈的过程。管理者先谈什么，后谈什么，要达到何种目的，运用什么技巧 （3）计划好在什么时候结束面谈，以及如何结束面谈

2.员工应做的准备工作

绩效反馈面谈前，员工应做的准备工作如下。

① 回顾上一绩效考核周期自己的表现与业绩，准备一些表明自己绩效状况的数据。

② 对自己的职业发展有一个初步的规划，正视自己的优缺点和有待提高的能力，以便和管理者一起制订改进计划。

③ 面谈是个双向交流的过程，准备好要向管理者提问的问题。

④ 事先安排好工作时间，避开重要和紧急的事情。

二、面谈过程的控制

管理者与员工建立信任关系是绩效反馈面谈成功的前提。管理者要清楚地说明面谈的目的和作用，要能够充分调动员工参与讨论的积极性。同时，管理者要注意倾听员工的意见，把握交流的基调，问得多、讲得少，为面谈营造一个积极的氛围。面谈的主要内容为以下几点。

① 回顾和讨论过去一段时间员工的工作进展情况，包括工作态度、工作绩效等。

② 双方讨论计划完成情况及效果，目标实现程度。

③ 管理者对员工做出评估。

④ 管理者向员工提出工作建议或意见。

⑤ 管理者向员工提出要求或期望。

⑥ 明确员工可以从管理者那里得到的支持和指导。

⑦ 讨论员工的工作现状及存在的问题，可以从工作量、工作动力、与同事合作情况、工作环境、工作方法等方面讨论。

⑧ 在分析员工工作优缺点的基础上提出改进建议或解决办法。

⑨ 管理者阐述本部门中短期目标及做法。

⑩ 员工阐述自己的工作目标，双方努力把个人目标和部门目标结合起来。

⑪ 共同讨论并确定下个绩效考核周期的工作计划和目标，以及为实现此目标应采取的措施。

🔍【实战工具10】▸▸ -

绩效反馈面谈记录表

谈话日期：___年___月___日
被面谈人姓名：_____   工号：_____   部门/处：_____   岗位：_____
面谈人姓名：_____   岗位：_____

1.确认工作目标和任务（讨论岗位职责与工作目标的完成情况及效果，讨论目标实现与否；双方阐述部门目标与个人目标，并使两者保持一致；提出工作建议和意见）：

2.工作评估（对工作进展情况与工作态度、工作方法作出评价，哪些地方做得好，哪些地方尚需改进；讨论工作现状及存在的问题）：

3.改进措施（讨论工作优缺点；在此基础上提出改进措施、解决办法与个人发展建议）：

4.补充：

面谈人签名：_____   被面谈人签名：_____

注：
在进行绩效沟通时，由管理者填写本表，注意填写内容的真实性。
被考核员工分别在本表和工作绩效考核表上签名，签名并不代表员工同意表中所有内容，仅表示员工参与过本次面谈。
该表与员工绩效评估表、部门考核汇总表、部门考核分析表一起交至人力资源部。
沟通准备与谈话内容可参考绩效面谈指南中相关内容。具体沟通时可根据实际情况适当增删，不必完全拘泥于本表的内容与格式。

三、确定绩效改进计划

在绩效反馈面谈过程中，双方在分析绩效考核结果时，应当及时记录达成的共识，同时也要对下阶段的绩效考核重点和绩效目标进行规划，这就使整个绩效管理过程形成了一个不断提高的循环。面谈结束后，要将双方达成共识的结论性意见或双方确认的关键事件或数据，及时记录、整理下来，并填写在员工考核表中。对于已达成共识的下期绩效目标也要进行整理，形成新的考核指标或考核标准。

下面是一份员工绩效改进计划书的范本，仅供参考。

范本

绩效改进计划书

指导说明：

当员工的个人绩效评级为C、D或者经理认为员工的绩效表现不佳时，经理与员工将通过制订绩效改进计划来提高员工的绩效表现。员工绩效表现不佳有如下情况。

- 不能体现或达到××集团及所在岗位对知识和技能要求。
- 不能履行岗位职责。
- 经提醒后没有显著改善，连续表现出不佳的绩效水平。

绩效改进计划的期限最短为30天，最长为90天。如果改进后，员工仍不能将绩效提高到令人满意的水平，公司将与员工终止劳动关系。

直线经理职责：

1.同上级经理及部门人力专员对员工进行评审。

2.与员工沟通，对员工进行整体业绩评价，指出不满意的领域并表明希望看到的改进成果。其中，要根据员工技能弱点来制订技能提升计划，相关培训计划需要在绩效改进期内进行。

3.制订绩效改进计划实施期间的定期审查时间表。

4.与上级经理和员工评审查绩效改进计划最终结果（如果需要，人力专员也需要参与其中）。

5.用文档形式记录阶段性结果与最终评定结果，此表格需要员工、直线经理及上层经理签字确认。

员工职责：

1.审查绩效改进计划表中的当前阶段绩效评估部分及绩效改进的目标。

2.定期与直线经理进行沟通，确认绩效改进计划表中的阶段性描述记录并签字。

3.在绩效改进计划结束时，确认绩效改进计划表中的最终评估结果，表明已经知晓绩效改进计划的结果及其导致的一切结果。

绩效改进计划表

员工信息

员工姓名：_____ 　　　　　　员工号：_____

上一季度PBC（个人业务承诺）等级：_____ 　部门：_____

工作时间：_____ 　　　　　　岗位：_____

工作地点：_____ 　　　　　　直线经理：_____

第一部分：当前阶段绩效评估

评估日期：_____

不满意点描述（业绩不佳的具体说明）：

1.

2.

3.

4.

第二部分：绩效改进计划

绩效改进计划开始时间：_____ 　　绩效改进计划结束时间：_____

（提醒：绩效改进计划的期限最短为30天，最长为90天）

　　列明预期结果与具体完成时限，在此时限内该员工必须实现其承诺达到的结果，以满足绩效改进计划的要求。

改进目标/任务	预期改进结果	预计完成时间

技能提升计划

1.核心能力素质模型

标准要求参见××员工核心能力素质模型词典，选择其中一至两点进行评估即可。

技能评估	教导/辅助/培训计划 *相关培训计划需要在绩效改进期内进行	时限

2.岗位序列共有知识与技能

标准要求描述参见××集团族群专业能力辞典，选择其中一至两点进行评估即可。

技能评估	教导/辅助/培训计划 *相关培训计划需要在绩效改进期内进行	时限

3.岗位知识技能

标准要求描述参见××集团族群专业能力词典，选择其中一至两点进行评估即可。

技能评估	教导/辅助/培训计划 *相关培训计划需要在绩效改进期内进行	时限

4.领导能力相关技能（只针对高级管理人员进行的评估）

标准要求描述参见××集团领导力模型词典，选择其中一至两点进行评估即可。

技能评估	教导/辅助/培训计划 *相关培训计划需要在绩效改进期内进行	时限

第三部分：阶段性描述

与员工确定定期审查的时间，以监测记录既定目标的实现状况。

预期改善 目标/任务	取得的改善成果	审查时间	直线经理 签字	员工 签字
	进行中： 符合期望要求： 未达到期望要求：			
	进行中： 符合期望要求： 未达到期望要求：			

第四部分：绩效改进计划的最终结果

直线经理关于绩效改进计划最终结果的点评：

　　员工已经达到了改进计划的要求，并认识到必须一直保持令人满意的绩效贡献。如果这个水平不能维持下去，员工将不再有机会进行绩效改进，而可能会被辞退。

　　员工没有达到改进计划的要求，将会受到以下处理：

□辞退

□降级

□内部调动到其他部门：＿＿＿＿＿＿＿＿＿＿＿＿

（新单位名称/岗位名称/调动时间）

续表

第五部分：签字确认（我确认已进行过以上评估）
被评估人签字： 　员工：_____ 　　　　　　　　　　　　（签字）/ 日期 评估人签字： 　直线经理：_____ 　　　　　　　　　　　　（签字）/ 日期 审核人签字： 　上层经理：_____ 　　　　　　　　　　　　（签字）/ 日期 *单位负责人：_____ 　　　　　　　　　　　　（签字）/ 日期

注释：
*直线经理将整理汇总绩效改进计划及其最终结果，并将其提供给人力资源部作为后续流程的支持文档。

第五节　评估结果应用

绩效评估的应用范围很广，绩效评估结果既可以为管理者进行人力资源管理决策提供信息，也可以为员工个人在绩效改进、职业生涯发展方面提供借鉴。

一、管理应用

管理应用是指将绩效评估结果用于招聘、甄选、定薪、晋升、调配、辞退等各项具体工作中。

1.用于招聘

通过分析员工的绩效评估结果，HR会对企业各个岗位的优秀人才应具备的优秀品质与绩效特征有更深的理解，这就为招聘过程的甄选环节提供了十分有益的参考。例如，通过对企业优秀基层管理人员绩效特征进行分析，HR可以在以后招聘基层管理人员时，根据分析结果对甄选的标准进行有针对性的调整或改进，以更好地满足企业提高绩效的需要。

通过分析员工的绩效评估结果，如果发现员工在工作能力或态度上存在欠缺，又无法通过及时而有效的培训得到解决时，人力资源部就要考虑制订或改进相应的招聘计划，注重招聘工作能力强、态度端正的人才，以满足企业提升绩效水平的实际需要。

2.用于员工薪酬分配和调整

绩效评估结果用于薪酬分配和调整主要体现在如下三个方面。

① 用于确定奖金分配方案。即决策短期薪酬，也可称为刺激薪资。

② 作为调整员工固定薪酬的依据。这部分薪酬是以员工的劳动熟练程度、工作的复杂程度、责任大小及劳动强度为基准确定的。

③ 作为福利、津贴制度变革的依据。

3.用于人员调配和职位变动

通过绩效评估结果，管理者可以掌握员工各种工作信息，如劳动态度、岗位适合度、工作成就、知识和技能的运用程度等。通过这些信息，企业更易于制定正确的人力资源决策，有效地组织员工提升、晋级、降职、降级等人力资源管理工作。

4.用于确定员工培训需求

基于绩效评估结果的培训决策流程如图5-3所示。

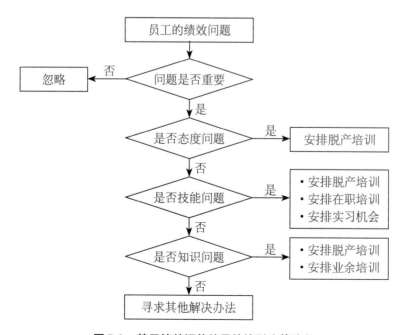

图5-3　基于绩效评估结果的培训决策流程

图5-3中的模型提供了运用绩效评估结果确定培训需求的具体思路与过程。在分析绩效评估结果的基础上，找出出现绩效差距的问题与原因（是因为员工知识不足、能力欠缺，还是需要转变态度），进而拟订出有针对性的员工培训内容与方案。

二、开发应用——个人发展计划

个人发展计划，是指员工在一定时期内完成的有关工作绩效和工作能力改进与提高的系统计划。它是从绩效评估延伸出来的实际且有效的，由一系列表格组成的绩效改进计划。

1.个人发展计划的目的

① 帮助员工在现有工作的基础上改进绩效。

② 帮助员工发挥潜力，使其在经过一系列学习之后能有晋升的可能，其重点仍是改进现有工作绩效。

2.个人发展计划的内容

① 有待提升的项目。

② 提升这些项目的原因。

③ 目前水平和期望达到的水平。

④ 提升这些项目的方式。

⑤ 设定达到目标的期限。

3.制订个人发展计划的步骤

制订个人发展计划的步骤如图5-4所示。

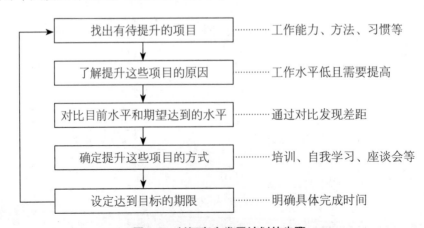

图5-4 制订个人发展计划的步骤

4.制订个人发展计划的过程

① 管理者与员工进行绩效评估沟通。在管理者的帮助下，员工认识到自己在工作当中哪些方面做得好，哪些方面做得不够好，认识到目前存在的差距。

② 管理者与员工共同就员工绩效方面存在的差距进行分析，找出员工在工作能力、方法或工作习惯等方面有待提升之处。

③ 根据未来的工作目标的要求，管理者与员工选取员工目前存在的工作能力、方法或工作习惯等方面最迫切需要提升的地方作为个人发展项目。

④ 双方共同制订改进这些工作能力、方法、习惯的行动方案，确定个人发展计划的期望水平和目标实现期限，以及改进的方式。必要时可确定实施过程中的检查核实计划，以便分步骤地达到目标。

⑤ 列出实施个人发展计划所需的资源，并指出哪些资源需要哪些人员提供帮助。

下面是一份员工个人发展计划的范本，仅供参考。

范本

员工个人发展计划

本计划书专为新员工或调至新职位的员工设计。它将成为您在××公司工作和学习的指引，它能帮助您不断检讨和自我提高，它也是您的上级对您的工作进行评估的重要依据。请您务必与您的上级共同讨论，完成本计划书。

姓名：_____ 部门：_____ 职位：_____ 入职/调动日期：_____

一、自我评价

请从"A、B、C、D"中选择一个最适合自己的描述。

A：高/好/丰富/强　　　　　　B：较高/较好/较丰富/较强

C：一般/中等　　　　　　　　D：低/差/不足/弱

1.学历　　　　　　　　　　　　（　　　）

2.相关的工作经验　　　　　　　（　　　）

3.接受培训程度　　　　　　　　（　　　）

4.专业知识　　　　　　　　　　（　　　）

5.专业技能　　　　　　　　　　（　　　）

6.实际工作能力　　　　　　　　（　　　）

7. 对本职位的认识程度 （　　）

8. 社交能力 （　　）

9. 忠诚度及稳定性 （　　）

10. 自信心 （　　）

11. 责任心 （　　）

12. 主动性 （　　）

13. 心理承受力 （　　）

14. 逻辑思维能力 （　　）

15. 对公司价值的认同度 （　　）

16. 身体素质 （　　）

17. 性格 （　　）

小结（请根据以上内容进行分析总结，也可自行发挥，增加内容）：

1. 我自身的优点是： _____

2. 我的专业技术特长是： _____

3. 我要改进的是： _____

二、外因评价

请根据自己的认知从"A、B、C、D"中选择一个最适合自己的描述。

A：高/好/明确/强　　　　　　B：较高/较好/较明确/较强

C：一般/中等　　　　　　　　D：低/差/不明确/弱

1. 公司的整体发展趋势 （　　）

2. 公司对人才的重视程度 （　　）

3. 公司的企业文化建设 （　　）

4. 公司晋升制度 （　　）

5. 公司奖励制度 （　　）

6. 公司培训制度 （　　）

7. 公司薪资制度 （　　）

8. 您负责工作的开展情况 （　　）

9. 部门的业务发展 （　　）

10. 部门的团队精神 （　　）

11. 部门职位竞争程度 （　　）

12. 部门的整体素质 （　　）

13.部门整体素质与您的比较 （　　）

14.本部门的人力资源状况 （　　）

15.部门的工作目标 （　　）

16.您的经理对下属的要求 （　　）

17.市场竞争的激烈程度 （　　）

18.您将受到的阻力 （　　）

小结（请根据以上内容进行分析总结，也可自行发挥，增加内容）：

1.我的机遇是：

_____

_____

2.我的挑战是：

_____

_____

三、我的目标、工作、主要行动及时间安排

（一）我的目标

1.我的抱负是在____年____月前成为或拥有（可以写薪酬、职位、工作经验与知识等）：

_____

_____

2.什么样的个人状况是最理想的（可以写个人与群体的关系，在团队中的角色，掌握的技术或管理知识，心理状态，对工作的认识程度，对企业的认同感等方面）：

_____

_____

3.到两年后的今天，即____年____月，希望在本公司能达到的职位是：

_____

4.第一年内，我希望自己在本公司能达到的职位是：

_____

（二）我的工作

1.我认为该职位的责任和工作范围有以下几方面。

（1）_____

（2）＿＿＿＿＿＿＿＿＿＿＿＿＿＿＿＿＿＿＿＿

（3）＿＿＿＿＿＿＿＿＿＿＿＿＿＿＿＿＿＿＿＿

（4）＿＿＿＿＿＿＿＿＿＿＿＿＿＿＿＿＿＿＿＿

（5）＿＿＿＿＿＿＿＿＿＿＿＿＿＿＿＿＿＿＿＿

2.我认为要完成两年的目标计划，其关键在于以下几方面。

（1）＿＿＿＿＿＿＿＿＿＿＿＿＿＿＿＿＿＿＿＿

（2）＿＿＿＿＿＿＿＿＿＿＿＿＿＿＿＿＿＿＿＿

（3）＿＿＿＿＿＿＿＿＿＿＿＿＿＿＿＿＿＿＿＿

（4）＿＿＿＿＿＿＿＿＿＿＿＿＿＿＿＿＿＿＿＿

（5）＿＿＿＿＿＿＿＿＿＿＿＿＿＿＿＿＿＿＿＿

（三）我主要的行动及时间安排

1.第一年

（1）＿＿＿＿＿＿＿＿＿＿＿＿＿＿＿＿＿＿＿＿

（2）＿＿＿＿＿＿＿＿＿＿＿＿＿＿＿＿＿＿＿＿

（3）＿＿＿＿＿＿＿＿＿＿＿＿＿＿＿＿＿＿＿＿

（4）＿＿＿＿＿＿＿＿＿＿＿＿＿＿＿＿＿＿＿＿

（5）＿＿＿＿＿＿＿＿＿＿＿＿＿＿＿＿＿＿＿＿

2.第二年

（1）＿＿＿＿＿＿＿＿＿＿＿＿＿＿＿＿＿＿＿＿

（2）＿＿＿＿＿＿＿＿＿＿＿＿＿＿＿＿＿＿＿＿

（3）＿＿＿＿＿＿＿＿＿＿＿＿＿＿＿＿＿＿＿＿

（4）＿＿＿＿＿＿＿＿＿＿＿＿＿＿＿＿＿＿＿＿

（5）＿＿＿＿＿＿＿＿＿＿＿＿＿＿＿＿＿＿＿＿

（四）我希望得到的帮助和支持及培训

（包括需要公司提供的办公工具、工作环境、挑战机会，或者需要资深员工给予的协助、培训等）

（1）＿＿＿＿＿＿＿＿＿＿＿＿＿＿＿＿＿＿＿＿

（2）＿＿＿＿＿＿＿＿＿＿＿＿＿＿＿＿＿＿＿＿

（3）＿＿＿＿＿＿＿＿＿＿＿＿＿＿＿＿＿＿＿＿

（4）＿＿＿＿＿＿＿＿＿＿＿＿＿＿＿＿＿＿＿＿

（5）＿＿＿＿＿＿＿＿＿＿＿＿＿＿＿＿＿＿＿＿

劳动关系管理

在企业人力资源管理工作中，构建良好的劳动关系，能够进一步助推企业和谐运转，提高企业的经济效益和工作成效。在企业管理者和劳动者之间，营造融洽的生产氛围，从而实现个人价值和集体价值的相互融合。

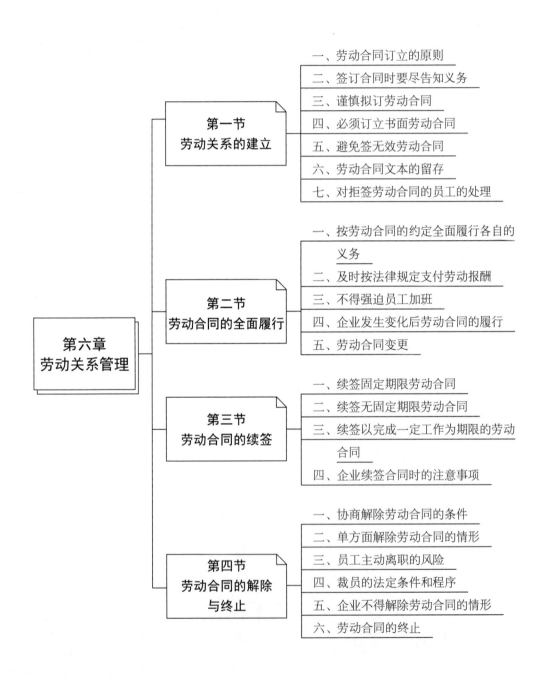

第六章
劳动关系管理

第一节
劳动关系的建立
- 一、劳动合同订立的原则
- 二、签订合同时要尽告知义务
- 三、谨慎拟订劳动合同
- 四、必须订立书面劳动合同
- 五、避免签无效劳动合同
- 六、劳动合同文本的留存
- 七、对拒签劳动合同的员工的处理

第二节
劳动合同的全面履行
- 一、按劳动合同的约定全面履行各自的义务
- 二、及时按法律规定支付劳动报酬
- 三、不得强迫员工加班
- 四、企业发生变化后劳动合同的履行
- 五、劳动合同变更

第三节
劳动合同的续签
- 一、续签固定期限劳动合同
- 二、续签无固定期限劳动合同
- 三、续签以完成一定工作为期限的劳动合同
- 四、企业续签合同时的注意事项

第四节
劳动合同的解除与终止
- 一、协商解除劳动合同的条件
- 二、单方面解除劳动合同的情形
- 三、员工主动离职的风险
- 四、裁员的法定条件和程序
- 五、企业不得解除劳动合同的情形
- 六、劳动合同的终止

第一节 劳动关系的建立

企业若想构建和谐的劳动关系，就必须全面实行劳动合同制度，与员工依法签订并严格履行劳动合同，以此规范和约束双方的行为，并且通过劳动合同的履行实现双方各自的权利，以充分发挥劳动合同在调整劳动关系中的积极作用。

一、劳动合同订立的原则

《劳动合同法》第三条规定了劳动合同订立的原则。企业在订立劳动合同时要遵循合法、公平、平等自愿、协商一致、诚实信用的原则，其具体要求如表6-1所示。

表6-1　劳动合同订立的五大原则

序号	原则	具体说明
1	合法	（1）劳动合同的形式要合法。除非全日制用工外，劳动合同需要以书面形式订立，这是《劳动合同法》对劳动合同形式的要求。如果双方订立的是口头合同，当双方发生争议时，法律不承认其效力，企业就要承担不签订书面合同的法律后果 （2）劳动合同的内容要合法。《劳动合同法》第十七条规定了劳动合同应当具备的九项内容，企业和员工签订的劳动合同的内容必须符合法律规定。例如，关于劳动合同的期限，应说明什么情况下订立固定期限，什么情况下订立无固定期限；关于工作时间，不得违反国家关于工作时间的规定；关于劳动报酬，不得低于当地人民政府规定的最低工资标准；还有劳动保护，不得低于国家规定的劳动保护标准等。如果劳动合同的内容违法，劳动合同不仅不受法律保护，当事人还要承担相应的法律责任
2	公平	劳动合同的内容应当公平、合理。即在符合法律规定的前提下，劳动合同双方公正、合理地确立权利和义务。有些合同内容，相关法律法规往往只规定了一个最低标准，在此基础上双方自愿达成协议，就是合法的，但有时合法的未必公平、合理。比如在同一个岗位的两个资历、能力都相当的人，工资收入差距很大，或者能力强的收入比能力差的还低，就是不公平。又如，企业仅提供少量的培训费用，却要求员工订立较长的服务期，而且在服务期内不提高员工的工资或者不按照正常工资调整机制提高工资。这些虽然没有违反法律的强制性规定，但不合理、不公平。此外，还要注意的是企业不能迫使员工订立不公平的合同
3	平等自愿	（1）平等：订立劳动合同时员工和企业在法律上的地位是平等的，没有高低之分，不存在命令和服从、管理和被管理关系，企业不得在订立劳动合同时附加不平等的条件

序号	原则	具体说明
3	平等自愿	（2）自愿：订立劳动合同应完全出于员工和企业双方的真实意愿，是双方协商一致达成的，任何一方不得把自己的意愿强加给另一方。自愿原则包括是否订立劳动合同由双方自愿，与谁订立劳动合同由双方自愿，合同的内容由双方自愿约定等。根据自愿原则，任何企业和个人不得强迫员工订立劳动合同
4	协商一致	协商一致是指企业和员工要对合同的内容达成一致意见。在订立劳动合同时，企业和员工都要仔细研究合同的每项内容，进行充分的沟通和协商，解决分歧，达成一致意见
5	诚实信用	在订立劳动合同时要诚实、讲信用，双方都不得有欺诈行为。根据《劳动合同法》第八条相关规定，企业招用员工时，应当如实告知员工工作内容、工作条件、工作地点、职业危害、安全生产状况、劳动报酬，以及员工要求了解的其他情况；企业有权了解员工与劳动合同直接相关的基本信息，员工应当如实说明。双方都不得隐瞒真实情况

二、签订合同时要尽告知义务

《劳动合同法》第八条规定了企业与员工的告知义务。所谓"告知义务"，是指在企业招用员工时，企业与员工应将自身的基本情况如实向对方说明的义务。告知应当以一种合理并且适当的方式进行，让对方及时了解情况。

1.企业的告知义务

企业对员工的告知义务，体现在企业招用员工时应当如实告知员工图6-1所示内容。

图6-1 企业在招用员工时应告知员工的内容

以上这些内容是法定的，无论员工是否提出知悉要求，企业都应当主动如实向员工说明。除此之外，对于员工要求了解的其他情况，如企业相关的规章制度，包括企业内部的各种劳动纪律、规定、考勤制度、休假制度、请假制度、处罚制度，以及集体合同制度等，企业都应当予以详细说明。

2.员工的告知义务

员工的告知义务是附条件的，只有在企业要求了解员工与劳动合同直接相关的基本信息时，员工才有如实说明的义务。员工与劳动合同直接相关的基本信息包括健康状况、知识技能、学历、职业资格、工作经历，以及部分与工作有关的员工个人情况，如家庭住址、主要家庭成员等。

企业与员工双方都应当如实告知另一方真实的情况。如果一方向另一方提供虚假信息，将有可能导致劳动合同无效。

例如，员工向企业提供虚假学历证明，企业未如实告知工作岗位存在患职业病的可能性等，都属于《劳动合同法》规定的采取欺诈手段订立劳动合同，因此合同无效。

 小提示

用人单位不能任意扩大知情权的范围，更不能以知情权为借口侵害劳动者的个人隐私。劳动者须向用人单位如实说明的仅限于与劳动合同直接相关的内容，而对于个人隐私可以拒绝说明。

三、谨慎拟订劳动合同

劳动合同并不完全是双方协商的结果，劳动合同的各项条款基本都受到法律强制性规定的约束，甚至有些具体标准都是法律条文的，比如社会保险、休息休假、经济补偿、违约责任等，当事人双方几乎都没有协商的自由和余地。有的民法学家甚至不把劳动合同作为真正的合同来看待。总体而言，劳动合同对于劳资双方来讲都没有太多可调整的空间，合同的内容基本已被法律的规定所代替。

劳动合同里真正需要双方协商确定的，只有合同期限、劳动报酬、工作内容和地点。劳动合同里可由双方协商的部分，是企业需要着力研究的地方。

1.劳动合同无效法律风险的防范

① 尽可能避免擅自变更劳动合同。

② 充分认识劳动合同的特殊性，理解法律法规的相关规定，尽量避免使用免除企业法定责任或排除员工权利的合同条款。

③ 避免合同条款与法律法规强制性规定相抵触。

2.合同条款约定不明法律风险的防范

① 参照劳动部门的劳动合同范本编制合同条款时，应结合企业的实际情况。

② 合同内容应详简得当，对于法律、行政法规有强制性规定的内容，只写按照某法律法规规定执行即可。对法律、行政法规无明确规定或允许自由约定的内容，特别是易产生争议的内容，应当详细约定。

③ 合同语言表达应明确易懂，以免发生争议。

四、必须订立书面劳动合同

1.订立劳动合同应当采用书面形式

劳动合同作为规定劳动关系双方当事人权利和义务的协议，有书面形式和口头形式之分。

《劳动法》和《劳动合同法》明确规定，劳动合同应当以书面形式订立。采用书面形式订立的劳动合同具有严肃慎重、准确可靠、有据可查的特点，一旦发生争议，这种形式便于查清事实、分清是非，也有利于主管部门和劳动行政部门进行监督检查。另外，订立书面劳动合同能够增强合同当事人的责任感，促使合同所规定的各项义务得以全面履行。

2.已建立劳动关系时未立书面劳动合同的情况处理

已经建立劳动关系，未同时订立书面劳动合同的，企业应当自用工之日起一个月内与员工订立书面劳动合同。

① 根据《劳动合同法》第十四条相关规定，企业自用工之日起满一年不与员工订立书面劳动合同的，视为企业与员工已订立无固定期限劳动合同。

② 企业未在用工的同时订立书面劳动合同，与员工约定的劳动报酬不明确的，新招用的员工的劳动报酬应当按照集体合同规定的标准执行；没有集体合同或者集体合同未作规定的，实行同工同酬。

③ 企业自用工之日起超过一个月不满一年未与员工订立书面劳动合同的，应当向员工每月支付二倍的工资。

3.先订立劳动合同后建立劳动关系的情况

在现实中也有一种情况，企业在招用员工进入工作岗位之前先与员工订立劳动合同。对于这种情况，其劳动关系从用工之日起建立，其劳动合同期限、劳动报酬、试用期、经济补偿金等均从用工之日起计算。

五、避免签无效劳动合同

无效劳动合同是指由当事人订立，而国家不予承认其法律效力的劳动合同。一般合同一旦依法成立，就具有法律约束力，但是无效合同即使成立也不具有法律约束力。

导致劳动合同无效的原因有以下四个方面，具体如表6-2所示。

表6-2 导致劳动合同无效的原因

序号	原因	表现形式
1	劳动合同违反国家法律、行政法规的强制性规定	（1）用人单位和员工中的一方或者双方不具备订立劳动合同的法定资格，如签订劳动合同的员工必须是具有劳动能力和劳动行为能力的公民，企业与未满十六周岁的未成年人订立的劳动合同就是无效劳动合同（国家另有规定的除外） （2）劳动合同的内容直接违反法律法规的规定，如员工与矿山企业在劳动合同中约定的劳动保护条件不符合《中华人民共和国矿山安全法》的有关规定，则订立的劳动合同就是无效的 （3）劳动合同因损害国家利益和社会公共利益而无效。根据《中华人民共和国合同法》（以下简称《合同法》）第五十二条相关规定，违反法律或者损害社会公共利益的合同无效
2	采取欺诈手段订立劳动合同	（1）在没有履行能力的情况下签订合同。如根据《劳动法》第五十五条相关规定，从事特种作业的员工必须经专门培训并取得特种作业资格。若应聘的员工并没有这种资格或提供了假资格证书，则与其订立的合同无效 （2）行为人负有义务向他方如实告知某种真实情况而故意不告知的，则双方订立的劳动合同无效
3	采取威胁手段订立劳动合同	威胁是指行为人以将要发生的损害或者以直接实施损害相威胁，迫使另一方处于恐怖或者其他被胁迫的状态而签订劳动合同，威胁涉及生命、身体、财产、名誉、自由、健康等方面
4	用人单位在合同中免除自己的法定责任、排除员工权利	劳动合同简单化，法定条款缺失，仅规定员工的义务，有的甚至存在"生老病死都与企业无关""用人单位有权根据生产经营变化及员工的工作情况调整其工作岗位，员工必须服从单位的安排"等霸王条款

六、劳动合同文本的留存

劳动合同文本应当由用人单位和员工各执一份，用人单位不得以任何理由拒绝将属于员工本人的劳动合同归还员工，这种做法直接侵害了员工的合法权益，是不合法的。

七、对拒签劳动合同的员工的处理

《中华人民共和国劳动合同法实施条例》第二章第五条规定："自用工之日起一个月内，经用人单位书面通知后，劳动者不与用人单位订立书面劳动合同的，用人单位应当书面通知劳动者终止劳动关系，无需向劳动者支付经济补偿，但是应当依法向劳动者支付其实际工作时间的劳动报酬。"

考虑到劳动争议案件中的举证责任，为了减少风险及工作量，企业在与员工建立劳动关系之日起一个月内应尽快安排订立劳动合同，对于可能拒签合同的员工，在其工作满一个月前及时发出书面通知，终止与其之间的劳动关系。对于已工作满一个月的员工，即使需要支付经济补偿金和双倍工资，也要立即发出书面通知终止劳动关系，这样做虽然会增加一些招聘成本，但可以避免以后遭受更大的损失。

企业在具体操作时，务必注意保存相关证据。用人单位可将终止劳动关系的通知书寄到员工入职声明或员工简历中书面确认的地址并保存单据，以证明自身依法终止与拒签劳动合同的员工之间的劳动关系，从而避免陷入违法解除合同的风险。

第二节　劳动合同的全面履行

劳动合同一经依法订立即具有法律效力，企业和员工应当切实履行，以实现订立劳动合同的预期目的。

一、按劳动合同的约定全面履行各自的义务

企业与员工应当按照劳动合同的约定，全面履行各自的义务，具体而言，双方应当做到图6-2所示的五个方面。

1　企业与员工都应按照劳动合同的约定和劳动纪律的规定，履行自己应尽的义务，并为对方履行义务创造条件

2　企业与员工双方应互相关心，通过生产经营管理和民主管理互相监督，发现问题及时协商解决

3　无论是企业还是员工遇到问题，双方都应在法律允许的范围内尽力给予对方帮助，协助对方尽快解决问题

4 员工违纪，企业应依法进行批评教育，帮助员工改正；企业违约，员工要及时发现问题，积极协助企业纠正并设法减少损失

5 在履行合同过程中若发生劳动争议，企业与员工都应从大局出发，根据《劳动合同法》和《劳动法》中的有关规定，结合实际情况，及时协商解决，从而建立和谐稳定的劳动关系

图6-2　履行劳动合同时企业与员工应当做到的事项

二、及时按法律规定支付劳动报酬

企业应按合同规定的日期支付员工报酬，不得拖欠。

1.劳动报酬的组成部分

劳动报酬指员工因向企业提供劳务而获得的各种报酬。企业在生产过程中支付给员工的全部报酬包括图6-3所示的三个部分。

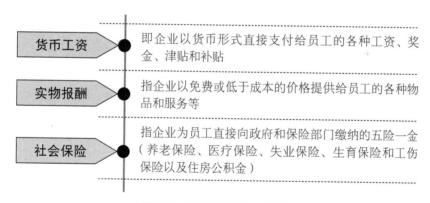

图6-3　劳动报酬的组成部分

2.不属于工资范围的劳动收入

工资是员工劳动收入的主要组成部分，但员工的以下劳动收入不属于工资的范围。

① 企业支付给员工个人的社会保险福利费用，如丧葬抚恤救济费、生活困难补助费、计划生育补贴等。

② 劳动保护方面的费用，如企业为员工提供的工作服、解毒剂、清凉饮料等的费用。

③ 按规定未列入工资总额的各种劳动报酬及其他劳动收入，如根据国家规定发放的创造发明奖、国家星火奖、自然科学奖、科学技术进步奖、合理化建议和技术改进奖、中华技能大奖等，以及稿费、讲课费、翻译费等。

3.企业向员工发放劳动报酬需要遵守国家有关规定

由于存在各种灵活多变的用工形式，《劳动合同法》允许企业和员工双方在法律允许的范围内对劳动报酬的金额、支付时间、支付方式等进行平等协商，在劳动合同中约定一种更适合当事人实际情况的劳动报酬制度。同时，企业向员工发放劳动报酬还要遵守国家有关规定。

4.企业应当及时支付劳动报酬

依照《劳动法》和其他有关规定，企业应当每月至少发放一次劳动报酬。

① 实行月薪制的企业，工资必须按月发放。

② 实行小时工资制、日工资制、周工资制的企业，工资可以按小时、按日或者按周发放。

③ 企业未按与员工约定的工资支付时间发放工资的，即构成拖欠员工劳动报酬的违法行为，依照《劳动合同法》和其他有关法律法规，应承担一定的法律责任。

5.企业应当足额向员工支付劳动报酬

根据《劳动合同法》第三十条的规定："用人单位应当按照劳动合同约定和国家规定，向劳动者及时足额支付劳动报酬。用人单位拖欠或者未足额支付劳动报酬的，劳动者可以依法向当地人民法院申请支付令，人民法院应当依法发出支付令。"所以，企业不得将扣发工资作为一种处罚性手段。

三、不得强迫员工加班

对于员工加班，《劳动合同法》第三十一条做了一些限制性的规定。因此，加班方面如果没有安排好，则会给企业带来法律风险。

1.企业不得强迫员工加班

目前，国家法定工作时间和休息休假制度主要体现在以下三个方面。

① 实行八小时工作制。

② 规定法定节假日、年休假和职工探亲假等休假制度。

③ 对加班进行限制性规定。

为了保障员工的休息权和身体健康，《劳动法》严格限制了企业延长员工工作时间的行为，而且第四十三条明确规定："用人单位不得违反本法规定延长劳动者的工作时间。"也就是说，一般情况下，企业不得随意安排员工加班。

依据《劳动法》第四十一条和第四十二条的规定，企业安排员工加班必须遵守表6-3所示的限制条件。

表6-3　企业安排员工加班必须遵守的限制条件

序号	注意事项	具体说明
1	由于企业的生产经营需要，不得不延长工作时间的	生产经营需要主要是指生产任务紧急，必须连续生产、运输或者经营的
2	必须与工会协商，经工会同意	企业决定安排员工加班的，应把安排加班的理由、加班员工人数、加班时间长短等情况向工会说明，征得工会同意后方可延长工作时间。如果工会不同意，不可以强令员工加班
3	必须与员工协商	企业若决定安排员工加班，应与员工协商。因为加班需要占用员工的休息时间，只有在员工自愿的情况下才可以安排加班。如果员工不同意，不可强令其加班。因为员工的休息权是法定的权利，任何人不可剥夺
4	企业安排加班的时间长度必须符合《劳动法》的限制性规定	根据《劳动法》第四十一条相关规定，企业安排员工加班应严格控制工作时间，一般每日不得超过一小时；因特殊原因需要延长工作时间的，在保障员工身体健康的条件下延长工作时间每日不得超过三小时，但是每月不得超过三十六小时
5	不受上述条件限制的加班	正常情况下，企业是不得随意要求员工加班的。但在出现危害公共安全和公众利益的紧急事件时，法律允许企业延长员工工作时间，并可适当突破上述条件。根据《劳动法》和有关国家规定，有下列情形之一的，企业安排加班才不受上述条件的限制 （1）发生自然灾害、事故或者因其他原因，使人民的生命安全和财产安全遭到严重威胁，需要紧急处理的 （2）生产设备、交通运输线路、公共设施发生故障，影响生产和公众利益，必须及时抢修的 （3）法律、行政法规规定的其他情形
6	国家对加班人员也有一定的限制	根据《劳动法》和其他有关规定，国家对女职工和未成年工实行特殊保护，禁止企业安排未成年工、怀孕女工和哺乳期未满12个月的女工在正常工作日以外加班

2.企业不得变相强迫员工加班

企业变相强迫员工加班主要表现为，企业通过制定不合理、不科学的劳动定额标准，使该企业大部分员工在标准的8小时工作时间内无法完成工作任务，为了完成企业规定的工作任务，获得足以维持其基本生活的劳动报酬，员工不得不在标准工作时间之外延长工作时间。

制定科学合理的劳动定额标准，对维护员工合法权益极其重要。根据《劳动法》的规定，对实行计件工作的员工，企业应当根据每日不超过8小时、每周不超过44小时的工时制度合理确定其劳动定额和计件报酬标准。也就是说，对于从事计件工作的员工，其劳动定额应当是多数员工在正常工作的情况下，能在每天8小时、每周44小时的法定工作时间以内完成的，超出这个标准，则会被认定为不合理的劳动定额。

企业如违反上述规定，就会承担一定的法律责任。因为员工可以依据《劳动法》和《劳动合同法》的有关规定，要求企业补发其为了完成不合理的劳动定额而加班的工资报酬。

3.企业若安排员工加班，应当支付其加班费

加班费是指员工按照企业生产和工作需要在规定工作时间之外继续生产劳动或者工作所获得的劳动报酬。

根据《劳动法》第四十四条相关规定，支付加班费的具体标准是：安排劳动者延长工作时间的，支付不低于工资的百分之一百五十的工资报酬；休息日安排劳动者工作又不能安排补休的，支付不低于工资的百分之二百的工资报酬；法定休假日安排劳动者工作的，支付不低于工资的百分之三百的工资报酬。

四、企业发生变化后劳动合同的履行

劳动合同依法订立后，企业变更名称、法定代表人、主要负责人或者投资人等事项不影响劳动合同的效力，劳动合同应当继续履行。

五、劳动合同变更

劳动合同的变更是对原劳动合同内容做部分修改、补充或者删减，而不是签订新的劳动合同。原劳动合同未变更的部分仍然有效，变更后的内容就取代了原合同的相应内容，变更后的协议条款与原合同中其他条款具有同等法律效力，对双方当事人都有约束力。

1.劳动合同变更的缘由

根据《劳动合同法》第四十条第三款相关规定，劳动合同订立时所依据的客观情况发生重大变化，致使劳动合同无法履行，经用人单位与劳动者协商，未能就变更劳动合同内容达成协议的，用人单位在提前三十日以书面形式通知劳动者本人或者额外支付劳动者一个月工资后，可以解除劳动合同。由此可以确定，劳动合同订立时所依

据的客观情况发生重大变化，是劳动合同变更的一个重要缘由。

所谓"劳动合同订立时所依据的客观情况发生重大变化"主要体现在四个方面，具体如表6-4所示。

表6-4　劳动合同订立时所依据的客观情况发生重大变化的情形

序号	情形	具体说明
1	订立劳动合同所依据的法律法规已经修改或者废止	劳动合同的签订和履行必须以不违反法律法规为前提。如果签订合同时所依据的法律法规被修改或者废止，且合同不变更，就可能出现与现行法律法规不相符甚至违反法律法规的情况，从而导致合同无效。因此，根据法律法规的变化而变更劳动合同的相关内容是必要的
2	企业方面的原因	企业的生产经营不是一成不变的。经上级主管部门批准或者根据市场变化，企业可能会经常调整自己的经营策略和产品结构，这就不可避免地导致转产、调整生产任务或生产经营项目等情况。在这种情况下，有些工种、岗位就可能被撤销，或者被其他新的工种、岗位所替代，原劳动合同就可能因签订条件的改变而发生变更
3	员工方面的原因	如由于员工的身体健康状况发生变化、劳动能力部分丧失、其职业技能与所在岗位不匹配、职业技能等级提高等，继续履行原合同规定的义务对员工明显不公平，造成原劳动合同不能履行
4	客观原因	（1）由于不可抗力，使得原合同的履行失去意义。不可抗力是指当事人所不能预见、不能避免并不能克服的客观情况，如自然灾害、意外事故等 （2）由于物价大幅度上涨等客观经济情况变化，致使劳动合同的履行会花费太大代价而失去经济价值。这是情势变更原则在劳动合同履行中的运用

2.劳动合同变更时应注意的问题

企业在变更劳动合同时应注意以下问题。

① 变更必须在劳动合同依法订立之后，在合同有效期内进行。即劳动合同双方当事人已经存在劳动合同关系，如果劳动合同尚未订立或者是已经履行完毕则不存在劳动合同的变更问题。

② 变更必须坚持平等自愿、协商一致的原则，即劳动合同的变更必须经企业和员工的同意。

③ 变更的内容必须合法，不得违反法律法规的强制性规定。劳动合同的变更并非任意的，企业和员工约定的变更内容必须符合国家法律法规。

④ 变更劳动合同必须采用书面形式。劳动合同双方当事人经协商对劳动合同中约定内容的变更达成一致意见后，必须签订变更劳动合同的书面协议。书面协议经企业和员工签字盖章后生效。

小提示

如果企业对合同中变更的内容未做书面记载，无法举证确认和证明劳动合同法律关系发生变化，当员工要求继续履行原劳动合同时，企业将处于不利的地位。

⑤ 劳动合同的变更要及时。提出变更劳动合同的主体可以是企业，也可以是员工。无论是哪一方要求变更劳动合同，都应当及时向对方提出，并说明变更劳动合同的理由、内容和条件等。如果应该变更的劳动合同内容没有及时变更，原条款继续有效，往往会使劳动合同不适应变化后的新情况，从而引起不必要的争议。当事人一方得知对方变更劳动合同的要求后，应在对方规定的期限内及时作出答复，不得对对方提出的变更劳动合同的要求置之不理。因为根据《劳动法》第二十六条和《劳动合同法》第四十条的规定，劳动合同订立时所依据的客观情况发生重大变化，致使劳动合同无法履行，经企业与员工协商，未能就变更劳动合同内容达成协议的，企业可以单方解除劳动合同。

3.变更后的劳动合同文本的执有

变更后的劳动合同文本由企业和员工各执一份。

第三节　劳动合同的续签

劳动合同续签是指合同期限届满，双方当事人均有继续保持劳动关系的意愿，经协商一致后继续签订劳动合同的法律行为。双方可以续签固定期限劳动合同、无固定期限劳动合同和以完成一定工作任务为期限的劳动合同。

一、续签固定期限劳动合同

固定期限劳动合同是指劳动合同双方当事人在劳动合同中明确规定了合同效力的起始和终止时间。劳动合同期限届满，劳动关系即终止，如果双方协商一致，可以续签劳动合同，延长期限。固定期限劳动合同可以是较短时间的，如半年、一年、两年，也可以是较长时间的，如五年、十年，甚至更长时间。不管时间长短，劳动合同的起始和终止日期都是固定的，具体期限由当事人双方根据工作需要和实际情况确定。

订立哪一种期限的劳动合同，应当由企业与员工协商确定。有的企业为了保持用工灵活性，愿意与员工签订短期的固定期限劳动合同；而有的员工为了能有一份稳定的职业和收入，更愿意与企业签订无固定期限劳动合同。无论双方的意愿如何，究竟签订哪一种类型的劳动合同，都需要由双方协商后做出一个共同的选择。所以只要企业与员工协商一致，没有采取胁迫、欺诈、隐瞒事实等非法手段，符合法律的有关规定，就可以订立固定期限劳动合同。

二、续签无固定期限劳动合同

1.什么是无固定期限劳动合同

无固定期限劳动合同是指企业与员工约定无确定终止时间的劳动合同。

这里所说的无确定终止时间，是指劳动合同的期限不能确定，但并不是没有终止时间。只要没有出现法律规定的情形或者双方约定的条件，双方当事人就要继续履行劳动合同规定的义务。一旦出现了法律规定的情形或双方约定的条件，无固定期限劳动合同也同样能够被解除。

2.订立无固定期限劳动合同的情形

订立无固定期限劳动合同有以下两种情形。

① 企业与员工协商一致，可以订立无固定期限劳动合同。根据《劳动合同法》第三条的规定，订立劳动合同应当遵循合法、公平、平等自愿、协商一致、诚实信用的原则。只要企业与员工协商一致，没有采取胁迫、欺诈、隐瞒事实等非法手段，符合法律的有关规定，就可以订立无固定期限劳动合同。

② 在法律规定的情形出现时，员工提出或者同意续订劳动合同的，应当订立无固定期限劳动合同。

根据《劳动合同法》第十四条相关规定，有下列情形之一，员工提出或者同意续订、订立劳动合同的，除劳动者提出订立固定期限劳动合同外，应当订立无固定期限劳动合同。具体说明如图6-4所示。

情形一	员工已在该企业连续工作满十年的

指员工与同一企业签订劳动合同的期限达到连续十年。如有的员工在企业工作五年后，离职到其他企业工作了两年，然后又回到了这个企业工作五年，虽然累计时间达到了十年，但是劳动合同期限有所间断，不符合"在该企业连续工作满十年"的条件。员工连续工作时间不足十年的，即使提出订立无固定期限劳动合同的要求，企业也有权不接受

情形二	企业初次实行劳动合同制度或者国有企业改制重新订立劳动合同时，员工在该企业连续工作满十年且距法定退休年龄不足十年的

对于已在该企业连续工作满十年并且距法定退休年龄不足十年的员工，在订立劳动合同时，允许员工提出签订无固定期限劳动合同的要求。如果一个员工已在该企业工作满十年，但距法定退休年龄超过十年，则不属于本项规定的情形

情形三	连续订立二次固定期限劳动合同，且员工没有《劳动合同法》第三十九条和第四十条第一项、第二项规定的情形，续订劳动合同的

根据这项规定，员工没有出现《劳动合同法》第三十九条和第四十条第一项、第二项规定的企业可以解除劳动合同的情形，如果企业与员工签订了一次固定期限劳动合同，在签订第二次固定期限劳动合同时，就意味着下一次必须签订无固定期限劳动合同。所以在第一次劳动合同期满，企业与员工准备订立第二次固定期限劳动合同时，应当慎重考虑

图6-4　法律规定的应当订立无固定期限劳动合同的三种情形

如果员工不愿意签订无固定期限合同，企业需要求其出具不签订无固定期限劳动合同确认书。

3.预防签订无固定期限劳动合同风险的措施

很多企业对无固定期限劳动合同存在认识上的误区，总是担心与员工签订了合同后就难以解除。为了规避履行与员工订立无固定期限劳动合同的法律义务，有的企业甚至采取了一些不恰当的做法，从而导致此类投诉案件接连发生。其实，只要企业依法用工、规范用工，以诚信为本，就不会有类似的问题出现。当然，企业也可以采取一些措施来应对这方面的风险，具体如图6-5所示。

1　建立签订无固定期限劳动合同的评估机制，对是否签订、怎样签订无固定期限劳动合同进行评估

2　第一次订立劳动合同时确定合理的期限。考虑到劳动者可能会在续订时要求与企业签订无固定期限劳动合同，所以企业可以在签订第一份劳动合同时选择签订较长期的固定期限劳动合同

3　以完成一定工作任务为期限的劳动合同不存在连续签订两次后应当订立无固定期限劳动合同的情形，企业可以根据岗位需求采取这种合同形式

4　由于连续订立二次固定期限劳动合同强调的是劳动合同的签订和续订，并不包括劳动合同的变更，因此企业可以与员工协商在固定期限劳动合同有效期内变更劳动合同期限，以延长固定期限劳动合同的期限

5　依法适当使用劳务派遣。企业可以在一些临时性、辅助性、替代性的岗位上有选择地使用劳务派遣工

图6-5　预防无固定期限劳动合同下风险的措施

三、续签以完成一定工作为期限的劳动合同

1.以完成一定工作任务为期限的劳动合同的概念

以完成一定工作任务为期限的劳动合同，是指企业与员工约定以某项工作的完成为合同期限的劳动合同。合同双方当事人在合同存续期间建立的是劳动关系，员工要加入企业集体，参加企业工会，遵守企业内部规章制度，享受工资福利、社会保险等待遇。

2.适用范围

一般在图6-6所示的几种情况下，企业与员工可以签订以完成一定工作任务为期限的劳动合同。

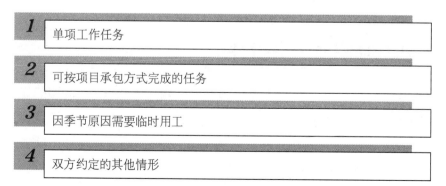

1　单项工作任务

2　可按项目承包方式完成的任务

3　因季节原因需要临时用工

4　双方约定的其他情形

图6-6　签订以完成一定工作任务为期限的劳动合同的情形

3.此类合同不得约定试用期

根据《劳动合同法》第十九条相关规定，以完成一定工作任务为期限的劳动合同或者劳动合同期限不满三个月的，不得约定试用期。只要员工按照劳动合同的要求完成了工作任务，就说明员工能胜任这份工作。

四、企业续签合同时的注意事项

① 企业依法发出续签意向，并维持或者提高劳动合同约定条件，员工不同意续签的，企业可以不支付经济补偿。

劳动合同期限届满，企业同意与员工续签劳动合同的，应在劳动合同期限届满前三十天内将劳动合同续签意向通知书送达员工手中，经协商同意后办理续签手续。

② 企业在依法办理劳动合同续签时，应特别注意法律规定的不得终止或者劳动合同期限顺延的情况，例如，女工"三期"（孕期、产期、哺乳期）期间、员工处于医疗期期间、员工在企业连续工作满十五年且距法定退休年龄不足五年等情况。

③ 如果双方在续签劳动合同时，平等协商一致对原劳动合同的部分约定做出修改，企业应当在续签的劳动合同中予以明确说明。

第四节　劳动合同的解除与终止

劳动合同可由双方协商解除或者由劳动关系中的一方依法单方解除，也可因满足法定终止条件而终止。劳动合同的解除与终止最容易引起纠纷，所以企业一定要注意防范。

一、协商解除劳动合同的条件

双方当事人依法订立劳动合同后，必须履行合同义务，遵守合同中的规定，任何一方不得因后悔或者合同难以履行而擅自解除劳动合同。但是为了保障企业的用人自主权和员工的劳动权，《劳动合同法》规定，企业与员工协商一致且不违背国家利益和社会公共利益的情况下，可以解除劳动合同，但必须符合四个条件，具体如图6-7所示。

条件一	被解除的劳动合同是依法成立的有效劳动合同
条件二	解除劳动合同的行为必须是在被解除的劳动合同依法订立且生效之后，尚未全部履行之前进行
条件三	企业与员工均有权提出解除劳动合同的请求
条件四	双方在自愿、平等协商的基础上达成一致意见，可以不受劳动合同中约定的终止条件的限制

图6-7　解除劳动合同的条件

协商解除劳动合同过程中需要注意的是，按照《劳动合同法》第四十六条第二项和《违反和解除劳动合同的经济补偿办法》第五条的规定，如果是企业提出解除劳动合同的，企业应依法向员工支付经济补偿金。

二、单方面解除劳动合同的情形

1.员工因企业的过错而解除劳动合同

当企业有过错时，员工可以解除劳动合同，而且无需提前告知企业，具体情形如图6-8所示。

情形一	企业未按照劳动合同约定提供劳动保护或者劳动条件的
情形二	企业未及时足额支付劳动报酬的
情形三	企业未依法为劳动者缴纳社会保险费的
情形四	企业的规章制度违反法律、法规的规定，损害劳动者权益的
情形五	因出现《劳动合同法》第二十六条第一款规定的情形致使劳动合同无效的
情形六	法律、行政法规规定劳动者可以解除劳动合同的其他情形

图6-8　员工可以解除劳动合同的情形

 小提示

　　用人单位以暴力、威胁或者非法限制人身自由的手段强迫劳动者劳动的，或者用人单位违章指挥、强令冒险作业危及劳动者人身安全的，劳动者可以立即解除劳动合同，不需事先告知用人单位。

2.企业因员工的过失而解除劳动合同

《劳动合同法》在赋予员工单方解除权的同时，也赋予了企业对劳动合同的单方解除权，以保障企业的用工自主权。但为了防止企业滥用解除权，随意与员工解除劳动合同，立法上严格限定企业与员工解除劳动合同的条件，禁止企业随意或武断地与员工解除劳动合同，以保护员工的劳动权。企业可以单方解除劳动合同的情形主要有六种，具体如表6-5所示。

表6-5　企业可以单方解除劳动合同的情形

序号	情形	具体内容
1	员工在试用期间被证明不符合录用条件	（1）企业所规定的试用期必须符合法律规定 （2）对是否合格的认定。一般情况下应当以法律法规规定的基本录用条件和企业在招聘时规定的知识文化、技术水平、身体状况、思想品质等条件为准 （3）若员工在试用期间不符合录用条件，企业必须提供有效的证明
2	员工严重违反企业的规章制度	（1）企业规章制度的内容必须符合法律法规，而且必须通过民主程序公布 （2）员工严重违反企业的规章制度。何为"严重"，一般应以《劳动法》和企业内部规章制度所规定的限度为准。如员工有违反操作规程，损坏生产经营设备造成企业经济损失，不服从企业的正常工作调动，不服从企业的人力资源管理，无理取闹、打架斗殴、散布谣言、损害企业声誉等给企业的正常生产经营秩序和管理秩序带来损害的行为，则可被视为"严重"违反企业规章制度 （3）企业须按照本企业规章制度规定的程序，并在符合相关法律法规规定的前提下管理员工
3	员工严重失职、营私舞弊，给企业的利益造成重大损害	指员工在履行劳动合同期间，没有按照岗位职责履行自己的义务，违反忠于职守、维护企业利益的原则，有未尽职责的严重过失行为或者利用职务之便牟取私利的故意行为等，使企业有形财产、无形财产遭受重大损害，但不够刑事处罚的程度的情况。例如，因粗心大意、玩忽职守而造成事故，因工作不负责而经常产生废品、损坏工具设备、浪费原材料或能源等，企业可以与其解除劳动合同
4	员工"兼职"	（1）员工同时与其他企业建立劳动关系，对完成本企业的工作任务造成严重影响 （2）员工同时与其他企业建立劳动关系，经企业提出，拒不改正的。需注意的是，必须是员工给企业造成"严重"负面影响，如果影响轻微，企业不能以此为由与员工解除劳动合同
5	因《劳动合同法》第二十六条第一款第一项规定的情形致使劳动合同无效	《劳动合同法》第二十六条第一项规定，"以欺诈、胁迫的手段或者乘人之危，使对方在违背真实意愿的情况下订立或者变更劳动合同的"属于无效或部分无效劳动合同

序号	情形	具体内容
6	员工被依法追究刑事责任	被依法追究刑事责任是指被人民检察院免予起诉的、被人民法院判处刑罚的、被人民法院依据刑法第三十七条免予刑事处分的，员工被人民法院判处拘役、三年以下有期徒刑缓刑的，企业可以解除劳动合同

3.企业无过失性辞退员工

无过失性辞退，即企业由于劳动合同履行过程中客观情况的变化而解除劳动合同。这里的客观情况既包括企业的原因，也包括员工自身的原因。

企业无过失性辞退主要包括三种情形，具体如表6-6所示。

表6-6　企业无过失性辞退的情形

序号	情形	适用的注意事项
1	员工患病或者非因工负伤，在规定的医疗期满后不能从事原工作，也不能从事由企业另行安排的工作的	员工在医疗期满后，有义务继续履行劳动合同。如果员工由于身体原因不能胜任工作，企业有义务将其调动至合适的岗位继续工作。如果员工无法胜任企业重新安排的工作，说明员工不能履行合同，企业需提前三十日以书面形式通知员工本人或额外支付员工一个月工资后，解除劳动合同，以便员工为重新就业做准备
2	员工不能胜任工作，经过培训或者调整工作岗位后，仍不能胜任工作的	不能胜任工作是指员工不能按要求完成劳动合同中约定的任务或者无法承担与同工种、同岗位人员相同的工作量。但企业不得故意提高定额标准，使员工无法完成。员工没有具备从事某项工作的能力，不能完成某一岗位的工作任务时，企业可以对其进行职业培训，优化其职业技能，也可以将其调换到能够胜任的工作岗位，这是企业应该履行的协助员工适应岗位的义务。如果企业尽了这些义务，员工仍然不能胜任工作，说明员工不具备在该企业工作的能力，企业可以提前三十日书面通知，解除与该员工的劳动合同
3	劳动合同订立时所依据的客观情况发生重大变化，致使劳动合同无法履行，经企业与员工协商，未能就变更劳动合同内容达成协议的	这里的"客观情况发生重大变化"是指因不可抗力或出现致使劳动合同全部或部分条款无法履行的其他情况，如自然条件、企业迁移或被兼并、企业资产转移等。当发生上述情况时，为了使劳动合同能够继续履行，双方当事人必须根据变化后的客观情况，对合同的变更进行协商，直到达成一致意见。如果员工不同意变更劳动合同，原劳动合同所确立的劳动关系就没有存续的必要。在这种情况下，企业也只能解除劳动合同

企业因员工的非过失性原因而解除合同的，还应当给予员工相应的经济补偿。

下面是几份解除劳动合同通知的范本，仅供参考。

范本

员工解除劳动合同申请书

姓名：　　　　　　　　工号：　　　　　　　部门：

职位：　　　　　　　　入职日期：

　　我因故向××国际大酒店提出解除劳动合同，自今天起提前＿＿＿天通知，敬请批准。

　　我计划在此的最后工作日：＿＿＿年＿＿＿月＿＿＿日

　　我解除劳动合同的原因：＿＿＿＿＿＿＿＿＿＿＿＿＿＿＿＿＿＿＿＿＿＿。

　　本人明白必须按酒店规定在最后工作日次日办理离职手续，交还酒店财物，并最迟于办理离职手续次日迁出员工宿舍；本人保证遵从酒店的相关离职程序和规定。

员工签字：

＿＿＿年＿＿＿月＿＿＿日

- -

　　本部门确认于＿＿＿年＿＿＿月＿＿＿日收到该员工的解除劳动合同申请，与该员工谈话于＿＿＿年＿＿＿月＿＿＿日进行。

　　部门意见

　　本部门拟同意该员工的最后工作日为＿＿＿年＿＿＿月＿＿＿日

　　部门经理/总监：＿＿＿＿＿＿＿＿＿＿＿＿＿＿＿＿日期＿＿＿＿＿＿＿

- -

　　行政人力资源部意见：

　　确认最后工作日为＿＿＿年＿＿＿月＿＿＿日

　　行政人力资源部经理/总监：＿＿＿＿＿＿＿＿＿＿＿＿＿＿日期＿＿＿＿＿＿＿

　　总经理签批：＿＿＿＿＿＿＿＿＿＿＿＿＿＿＿＿＿＿＿日期＿＿＿＿＿＿＿

　　备注：第一联白色（人力资源部留存）；第二联黄色（财务部留存）；第三联红色（部门留存）；第四联蓝色（员工留存）。

范本

解除劳动合同通知书（公司提出）

_____先生/女士：

根据公司与您签订的离职协议书，公司自____年____月____日起将与您解除劳动聘用关系，终止与您的劳动合同。

终止合同的原因如下：_____

_____。

请您接到本通知后，在____年____月____日前到人力资源部门办理相关离职手续。

同时，非常感谢您一直以来的辛勤工作，希望您在新的工作岗位上取得更好的成绩！

本通知书一式两份，人力资源部和终止劳动合同的员工各执一份。

　　　　　　　　　　　　　　　　　××实业有限公司

　　　　　　　　　　　　　　　　　人力资源部

　　　　　　　　　　　　　　　　　____年____月____日

员工确认书

本人已收到解除劳动合同通知书，并将在规定的时间内办理离职手续。

　　　　　　　　　　　　　　　　　员工签字：

　　　　　　　　　　　　　　　　　____年____月____日

范本

关于解除劳动合同的通知（Ⅰ）
（适用于员工试用期间不符合录用条件的情况）

××实业有限公司于____年____月____日与_____先生/女士签订了劳动合同，劳动合同至____年____月____日终止，有效期为____年。双方约定的试用期为＿＿月，从＿＿年＿＿月＿＿日起，至＿＿年＿＿月＿＿日止。现因您在试用期间被证明不符合录用条件（以法定的最低就业年龄等基本录用条件，以及招用时规定的文化水平、技术水平、身体素质、品质等条件为标准），根据《中华人民共和国劳动合同法》第三十九条和第四十六条的规定，《××市劳动合同条例（规定）》第××条和第××条规定，以及劳动合同的相关条款，经公司管理层批准，依法与您解除劳动合同。

按国家和××市政府的劳动管理规定，公司将支付您本月应得的工资。现特此通知＿＿＿先生/女士，劳动合同将于＿＿年＿＿月＿＿日正式解除，请即日起办理相关离职手续并领取本月应得的工资。自＿＿年＿＿月＿＿日起，＿＿＿＿先生/女士与××实业有限公司完全解除劳动关系。

特此通知。

××实业有限公司

人力资源部

＿＿年＿＿月＿＿日

员工确认书

本人已收到关于解除劳动合同的通知，并将在规定的时间内办理离职手续。

员工签字：

＿＿年＿＿月＿＿日

范本

关于解除劳动合同的通知（Ⅱ）

（适用于员工严重违反劳动纪律或者企业规章制度的情况）

××实业有限公司于＿＿年＿＿月＿＿日与＿＿＿＿先生/女士签订了劳动合同，劳动合同至＿＿年＿＿月＿＿日终止，有效期为＿＿年。因您于＿＿年＿＿月＿＿日严重违反了公司的劳动纪律（或者公司的规章制度），根据《中华人民共和国劳动合同法》第三十九条和第四十六条的规定、《××市劳动合同条例（规定）》第××条和第××条规定，以及劳动合同的相关条款，经公司管理层批准，依法与您解除劳动合同（企业对违纪职工作出开除、除名、辞退等终止双方劳动关系的处理，都属于依法解除劳动合同的情形）。

按国家和××市政府的劳动管理规定，公司将支付您本月应得的工资。现正式通知＿＿＿先生／女士，劳动合同将于＿＿＿年＿＿＿月＿＿＿日正式解除，请即日起办理相关离职手续并领取本月应得的工资。自＿＿＿年＿＿＿月＿＿＿日起，＿＿＿＿＿先生／女士与××实业有限公司完全解除劳动关系。

特此通知。

××实业有限公司

人力资源部

＿＿＿年＿＿＿月＿＿＿日

附：关于＿＿＿＿＿先生／女士严重违反劳动纪律的事实。

员工确认书

本人已收到关于解除劳动合同的通知，并将在规定的时间内办理离职手续。

员工签字：

＿＿＿年＿＿＿月＿＿＿日

范本

关于解除劳动合同的通知（Ⅲ）

（适用于员工严重失职、营私舞弊、对企业利益造成重大损害的情况）

××实业有限公司于＿＿＿年＿＿＿月＿＿＿日与＿＿＿＿＿先生／女士签订了劳动合同，劳动合同至＿＿＿年＿＿＿月＿＿＿日终止，有效期为＿＿＿年。因你于＿＿＿年＿＿＿月＿＿＿日，在＿＿＿＿＿方面严重失职（或营私舞弊）并对本公司的利益造成重大损害，根据《中华人民共和国劳动合同法》第三十九条和第四十六条的规定，《××市劳动合同条例（规定）》第××条和第××条规定，以及劳动合同的相关条款，经公司管理层批准，依法与你解除劳动合同。

按国家和××市政府的劳动管理规定，公司将支付你本月应得的工资。现正式通知＿＿＿＿＿先生／女士，劳动合同将于＿＿＿年＿＿＿月＿＿＿日正式解除，请即日起办理相关离职手续并领取本月应得的工资。自____年____月____日起，_____先生/女士与××实业有限公司完全解除劳动关系。

由于你的严重失职（或营私舞弊）使本公司的利益受到了重大损害，并在经济上造成了一定的损失。因此，本公司将保留要求你赔偿经济损失的权利，以及保留依法追究你法律责任的权利。

特此通知。

××实业有限公司

人力资源部

____年____月____日

员工确认书

本人已收到解除劳动合同通知书，并将在规定的时间内办理离职手续。

员工签字：

____年____月____日

三、员工主动离职的风险

员工具有单方解除劳动合同的权利，但必须提前三十日书面通知企业。

1.员工解除劳动合同的程序

员工在行使解除劳动合同权利的同时，也必须遵守法定的程序，主要体现在两个方面，如图6-9所示。

2.试用期内员工若想与企业解除劳动合同须提前三日通知

员工在试用期内，发现企业的实际情况与订立劳动合同时企业所介绍的情况不相符，或者发现自己不适合从事该工作，以及存在其他不能履行劳动合同的情况，员工无须任何理由就可以通知企业解除劳动合同，但应提前三日通知，以便企业安排人员接手工作。

如果员工违反法律法规的规定解除劳动合同，给企业造成经济损失的，企业可以要求其承担赔偿责任。员工自己提出解除劳动合同的，企业可以不支付经济补偿金。

遵守解除预告期：员工在享有单方解除劳动合同权的同时，也应当遵守解除预告期，即提前三十日通知企业才有效。也就是说，员工在书面通知企业后还应继续工作至少三十日，以便企业及时安排人员接替其工作，确保工作秩序不被扰乱，避免因解除劳动合同影响企业的生产经营活动，给企业造成不必要的损失。因此，如果员工未提前通知企业就擅自解除劳动合同，则属于违法解除劳动合同，企业可以要求员工承担赔偿责任

书面形式通知企业：无论是员工还是企业在解除劳动合同时，都必须以书面形式告知对方。因为通知的时间点直接关系到解除预告期的起算时间，也关系到员工的工资等利益，所以必须采用慎重的方式来表达

图6-9　员工解除劳动合同的程序

3.企业在员工提出辞职时应注意的事项

当员工提出辞职时，企业应注意的事项如图6-10所示。

事项一：要求员工采用由企业提供的固定格式的辞职申请模板，避免因辞职申请的形式和内容不规范而为日后埋下争议的“祸根”

事项二：辞职申请中一定要带有“本人自愿解除与××公司的劳动合同”字样

事项三：说明已结清员工在职期间的工资、社保及相关待遇，在辞职申请中可以使用“本人确认已从公司领到××元作为本人所应得到的工资待遇，并且确认是本人应得到的最终和全部待遇”这样的语句

事项四：可以要求员工作出同意按照企业规定办理辞职手续并归还企业所有财产等的承诺

图6-10　企业在员工提出辞职时应注意的事项

四、裁员的法定条件和程序

《劳动合同法》第四十一条相关规定，一次性裁减人员二十人或者裁减不足二十人但占企业职工总人数百分之十以上的，才是经济性裁员。

经济性裁员作为企业单方解除劳动合同的一种方式，必须满足法定条件。这些法定条件包括实体性条件和程序性条件，只有同时具备了实体性条件之一和全部的程序性条件，才是合法有效的经济性裁员。

1.经济性裁员的实体性条件

经济性裁员必须满足的实体性条件如表6-7所示。

表6-7　经济性裁员必须满足的实体性条件

序号	实体性条件	具体说明
1	依照《中华人民共和国企业破产法》(以下简称《企业破产法》)规定进行重整	《企业破产法》第二条规定："企业法人不能清偿到期债务，并且资产不足以清偿全部债务或者明显缺乏清偿能力的，依照本法规定清理债务。企业法人有前款规定情形，或者有明显丧失清偿能力可能的，可以依照本法规定进行重整。"在重整过程中，企业可根据实际经营情况进行经济性裁员
2	生产经营发生严重困难	在企业的生产经营发生严重困难时，允许企业通过各种方式进行自救，以免进一步陷入破产、关闭的绝境。裁减人员、缩减员工规模是一种缓解措施，但应慎重实施。《劳动合同法》允许企业在生产经营发生严重困难时采取经济性裁员的措施，但同时要求企业慎用该手段，故在"困难"两字前加了"严重"的限制
3	企业转产、重大技术革新或者经营方式调整，经变更劳动合同后，仍需裁减人员的	在生产经营过程中，企业为了寻求生存和更大发展，必然会进行结构调整和整体功能优化，包括进行企业转产、重大技术革新和经营方式调整。企业转产、重大技术革新或者经营方式调整并不必然导致经济性裁员，如企业转产，原工作岗位的员工可以转到转产后的工作岗位。为了更好地保护员工的合法权益，同时引导企业尽量不进行经济性裁员，《劳动合同法》要求企业转产、重大技术革新或者经营方式调整，经变更劳动合同后仍需要裁减人员的，才可以进行经济性裁员
4	其他因劳动合同订立时所依据的客观经济情况发生重大变化，致使劳动合同无法履行的	除了以上列举的三类情形外，还允许企业在一些客观经济情况发生变化时进行经济性裁员，如有些企业为了防治污染不得不搬迁而需要经济性裁员的

2.经济性裁员的程序性条件

经济性裁员的程序性条件如表6-8所示。

表6-8　经济性裁员的程序性条件

序号	程序性条件	具体说明
1	提前向工会或者全体员工说明情况	（1）必须裁减人员二十人以上或者裁减不足二十人但占企业员工总数百分之十以上的，必须提前三十日向工会或者全体员工说明情况，并听取工会或者员工的意见 （2）企业可以通过多种途径听取员工意见，如座谈会、设置意见箱、部门负责人收集意见等

续表

序号	程序性条件	具体说明
2	裁减人员方案向劳动行政部门报告	（1）企业应向工会或者全体员工说明情况，听取工会或者员工的意见，对原裁减人员方案进行必要修改后，制订正式的裁减人员方案 （2）该裁减人员方案需要向劳动行政部门报告，以便劳动行政部门了解裁减情况，必要时采取相应措施，防止意外发生，并监督经济性裁员合法进行。这里的"报告"属于事后告知，不是事前请求许可或者审批。当然，有的企业出于各种考虑，自愿提前向劳动行政部门报告，法律并不禁止
3	进行经济性裁员必须遵循社会福利原则	（1）裁减人员时，应当优先留用下列人员 ① 与本企业订立较长固定期限劳动合同的 ② 与本企业订立无固定期限劳动合同的 ③ 家庭无其他就业人员，有需要扶养的老人或者未成年人的 （2）三类优先留用的员工之间并没有优先的顺序，企业可以根据实际情况予以留用
4	重新招用人员时，被裁减人员具有优先就业权	（1）企业重新招用人员时有通知被裁减人员的义务，以便被裁减人员慎重考虑，及时行使优先就业权 （2）如果被裁减人员各方面条件与其他员工的条件没有明显差距，企业应当优先招用被裁减的人员

五、企业不得解除劳动合同的情形

根据《劳动合同法》第三十九条、第四十条、第四十一条的规定，出现法定情形时，企业可以单方解除劳动合同。但《劳动合同法》第四十二条又规定了一些企业不得解除劳动合同的情形，具体如表6-9所示。

表6-9　企业不得解除劳动合同的情形

序号	情形	具体说明
1	从事接触职业病危害作业的劳动者未进行离岗前职业病健康检查，或者疑似职业病病人在诊断或者医学观察期间的	（1）对从事接触职业病危害作业的员工，企业应当按照国务院卫生行政部门的规定组织上岗前、在岗期间和离岗前的职业健康检查，并将检查结果如实告知员工 （2）对未进行离岗前职业健康检查的员工，企业不得解除与其订立的劳动合同。在疑似职业病病人诊断或者医学观察期间，企业不得解除与其订立的劳动合同
2	在本单位患职业病或者因工负伤并被确认丧失或者部分丧失劳动能力的	无论员工是职业病还是因工负伤，都与企业有关工作条件、安全制度或者劳动保护制度不完善有关。对于患职业病或者因工负伤的员工，企业作为用工组织者和直接受益者理应承担相应责任。在这种情况下如果企业解除劳动合同，将会给员工的就医、生活等带来困难。因此，《劳动合同法》规定对在本单位患职业病或者因工负伤并被确认丧失或者部分丧失劳动能力的员工，用人单位不得解除与其订立的劳动合同

续表

序号	情形	具体说明
3	患病或者非因工负伤，在规定的医疗期内的	若企业员工非因工致残和经医生或医疗机构认定患有难以治疗的疾病，医疗期满后，应当由劳动鉴定委员会参照工伤与职业病致残程度鉴定标准对其进行劳动能力的鉴定。只有被鉴定为一级至四级的员工，企业才可以与其依法解除劳动关系，并办理退休、退职手续，此类员工享受退休、退职待遇
4	女职工在孕期、产期、哺乳期的	任何单位不得因结婚、怀孕、产假、哺乳等情形，降低女职工的工资，辞退女职工，单方解除与女职工劳动（聘用）合同或者服务协议。但是，女职工要求终止劳动（聘用）合同或者服务协议的除外
5	在本单位连续工作满十五年，且距法定退休年龄不足五年的	《劳动合同法》加强了对老员工的保护，包括规定企业初次实行劳动合同制度或者国有企业改制重新订立劳动合同时，员工在该企业连续工作满十年且距法定退休年龄不足十年的，应订立无固定期限劳动合同；在本企业连续工作满十五年，且距法定退休年龄不足五年的，企业不得根据《劳动合同法》第四十条、第四十一条的规定解除劳动合同
6	法律、行政法规规定的其他情形	考虑到有些法律、行政法规中也有不得解除劳动合同的规定，同时为了便于与以后颁布的法律相衔接，《劳动合同法》还规定了一个兜底条款，这有利于对员工的保护

六、劳动合同的终止

劳动合同的终止是指劳动合同关系自然失效，双方不再履行。《劳动法》第二十三条规定："劳动合同期满或者当事人约定的劳动合同终止条件出现，劳动合同即行终止。"

1.劳动合同终止的情形

《劳动合同法》第四十四条对劳动合同终止的情形做出了规定，具体说明如图6-11所示。

2.劳动合同期满不得终止的情形

① 从事接触职业病危害作业的员工未进行离岗前职业健康检查，劳动合同期满的，必须等到进行了职业健康检查后，劳动合同才能终止。

② 疑似职业病病人在诊断或者医学观察期间，劳动合同期满的，必须等到排除了职业病，确认了职业病，或者医学观察期结束后，劳动合同才能终止。

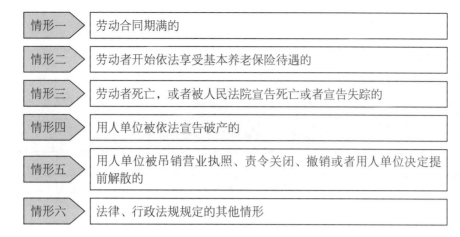

情形一　劳动合同期满的

情形二　劳动者开始依法享受基本养老保险待遇的

情形三　劳动者死亡，或者被人民法院宣告死亡或者宣告失踪的

情形四　用人单位被依法宣告破产的

情形五　用人单位被吊销营业执照、责令关闭、撤销或者用人单位决定提前解散的

情形六　法律、行政法规规定的其他情形

图6-11　劳动合同终止的情形

③ 在本企业患职业病的员工，劳动合同期满的，必须等到其职业病治愈，劳动合同才能终止；如果职业病不能治愈，劳动合同就不能终止。

④ 因工负伤并被确认丧失劳动能力的员工，劳动合同期满的，必须等到其劳动能力全部恢复，劳动合同才能终止；如果劳动能力不能全部恢复，劳动合同就不能终止。

⑤ 患病或者非因工负伤在医疗期内，劳动合同期满的，必须等到其医疗期满后才能终止劳动合同；女职工孕期、产期、哺乳期满后，劳动合同才可以终止。

⑥ 在本企业连续工作满十五年，且距法定退休年龄不足五年的员工，如果劳动合同期满，企业不能终止劳动合同。

3.关于员工工伤的例外规定

对于员工患职业病或者因工负伤并被确认丧失部分劳动能力的情形，《工伤保险条例》第三十六条、第三十七条作出了相应规定。

① 员工因工致残被鉴定为五级、六级伤残的，保留与企业的劳动关系，由企业安排适当工作，难以安排工作的，由企业按月发给伤残津贴，并由企业按照规定为其缴纳应缴纳的各项社会保险费。经工伤员工本人提出，该员工可以与企业解除或者终止劳动关系，由工伤保险基金支付一次性工伤医疗补助金，由企业支付一次性伤残就业补助金。

② 员工因工致残被鉴定为七级至十级伤残的，劳动合同期满终止，或者员工本人提出解除劳动合同的，由工伤保险基金支付一次性工伤医疗补助金，由企业支付一次性伤残就业补助金。

所以，企业在解除工伤员工的劳动合同时要依法处理。

4.依法支付经济补偿

（1）企业支付经济补偿的情形

根据《劳动合同法》第四十六条相关规定，企业必须支付经济补偿的情形具体如表6-10所示。

表6-10　企业支付经济补偿的情形

序号	情形	具体说明
1	员工依照《劳动合同法》第三十八条规定解除劳动合同的	根据《劳动合同法》第三十八条规定，企业有下列情形之一的，员工可以随时或者立即解除劳动合同，并有权取得经济补偿。 （一）未按照劳动合同约定提供劳动保护或者劳动条件的 （二）未及时足额支付劳动报酬的 （三）未依法为员工缴纳社会保险费的 （四）用人单位的规章制度违反法律、法规的规定，损害劳动者权益的 （五）因本法第二十六条第一款规定的情形致使劳动合同无效的 （六）法律、行政法规规定劳动者可以解除劳动合同的其他情形 用人单位以暴力、威胁或者非法限制人身自由的手段强迫劳动者劳动的，或者用人单位违章指挥、强令冒险作业危及员工人身安全的，员工可以立即解除劳动合同，不需事先通知用人单位
2	企业依照本法第三十六条规定向员工提出解除劳动合同并与员工协商一致解除劳动合同的	与《劳动法》的规定相比，本项经济补偿范围有所缩小。《劳动法》第二十四条、第二十八条规定，企业与员工协商一致解除劳动合同的，企业应当依照国家有关规定给予经济补偿。在《劳动合同法》的制定过程中，考虑到有的情况下，员工因要跳槽而主动与企业协商解除劳动合同，此时员工一般不会失业，或者对失业早有准备，这种情况下要求企业支付经济补偿不太合理，因此在协商解除劳动合同情形下，《劳动合同法》对企业支付经济补偿的条件作了一定限制
3	企业依照《劳动合同法》第四十条规定解除劳动合同的	《劳动合同法》第四十条规定，在员工不能胜任工作，企业没有过错且做了一些补救措施，但员工仍无法胜任工作的情况下，允许企业解除劳动合同。但为平衡双方的权利义务，企业须支付经济补偿。本项与《劳动法》的规定一致
4	企业依照《劳动合同法》第四十一条第一项规定解除劳动合同的	《劳动合同法》第四十一条规定的是经济性裁员。经济性裁员中，员工没有任何过错，企业也是迫于无奈，为了企业的发展和大部分员工的权益，解除一部分员工的劳动合同。为了平衡双方的权利义务，经济性裁员中，企业应当支付经济补偿。本项经济补偿与《劳动法》的规定一致

序号	情形	具体说明
5	除企业维持或者提高劳动合同约定条件续订劳动合同，员工不同意续订的情形外，依照《劳动合同法》第四十四条第一项规定终止固定期限劳动合同的	（一）根据本项规定，劳动合同期满时，企业同意续订劳动合同，且维持或者提高劳动合同约定条件，员工不同意续订的，则劳动合同终止，企业不支付经济补偿 （二）如果企业同意续订劳动合同，但降低劳动合同约定条件，员工不同意续订的，则劳动合同终止，企业应当支付经济补偿 （三）如果企业不同意续订，无论员工是否同意续订，劳动合同都将终止，企业应当支付经济补偿
6	依照《劳动合同法》第四十四条第四项、第五项规定终止劳动合同的	（一）根据《劳动合同法》第四十四条第四项、第五项规定，企业被依法宣告破产的，劳动合同终止；企业被吊销营业执照、责令关闭、撤销或者企业决定提前解散的，劳动合同终止。企业被吊销营业执照、责令关闭、撤销或者企业决定提前解散时，员工是无辜方，其权益应该受到保护。在劳动合同终止时，企业应该支付经济补偿。相较于《劳动法》，本项是增加的规定 （二）《企业破产法》第一百一十三条规定，破产清偿顺序中第一项为"破产人所欠职工的工资和医疗、伤残补助、抚恤费用，所欠的应当划入职工个人账户的基本养老保险、基本医疗保险费用，以及法律、行政法规规定应当支付给职工的补偿金"

（2）经济补偿的计算

当劳动合同解除或终止，企业依法支付经济补偿时，就涉及如何计算经济补偿的问题。计算经济补偿的普遍模式是工作年限×每工作一年应得的经济补偿。

① 经济补偿的计算标准：经济补偿按员工在本企业工作的年限，每满一年支付一个月工资的标准向员工支付；六个月以上不满一年的，按一年计算；不满六个月的，向员工支付半个月工资的经济补偿。

② 经济补偿的计算基数。计算经济补偿时，工作满一年支付一个月工资。月工资是指员工解除或者终止劳动合同前十二个月的平均工资。

③ 经济补偿封顶基数。这是对高级别职员的经济补偿的限制。即从工作年限和月工资基数两个方面作了限制，规定员工月工资高于企业所在直辖市、设区的市级人民政府公布的本地区上年度员工月平均工资三倍的，向其支付经济补偿的标准按员工月平均工资三倍的数额支付，向其支付经济补偿的年限最高不超过十二年。

下面提供几份终止劳动合同通知的范本，仅供参考。

范本

终止劳动合同通知书（个人不续）

_____先生/女士：

您于____年____月____日向公司提出了不再续签劳动合同的申请，鉴于您与公司签订的劳动合同有效期截至____年____月____日，请您于____年____月____日前将离职手续办理完毕，并到人力资源部结算工资。

同时，非常感谢您一直以来辛勤工作，希望您在新的工作岗位上取得更好的成绩！

本通知书一式两份，人力资源部和终止劳动合同的员工各执一份。

×× 实业有限公司

人力资源部

____年____月____日

员工确认书

本人已收到终止劳动合同通知书，并将在规定的时间内办理离职手续。

员工签字：

____年____月____日

范本

终止劳动合同通知书（公司不续）

_____先生/女士：

经公司研究决定，在您与公司签订的劳动合同到期后，不再与您续签。由于您与公司当前履行的劳动合同有效期截至____年____月____日，请您于____年____月____日前将离职手续办理完毕，并到人力资源部结算工资。

同时，非常感谢您一直以来辛勤工作，希望您在新的工作岗位上取得更好的成绩！

本通知书一式两份，人力资源部和终止劳动合同的员工各执一份。

　　　　　　　　　　　　　　　　　　　××实业有限公司

　　　　　　　　　　　　　　　　　　　人力资源部

　　　　　　　　　　　　　　　　　____年____月____日

员工确认书

本人已收到终止劳动合同通知书，并将在规定的时间内办理离职手续。

　　　　　　　　　　　　　　　　　员工签字：

　　　　　　　　　　　　　　　　　____年____月____日